Gudrun Mangold

# Im Schwarzwald

Gudrun Mangold

# Im Schwarzwald

Köhler, Kirsch und Kuckucksuhren
Mit Originalrezepten

Silberburg-Verlag

Besonderer Dank an:

Fritz Barth, Wildbad-Calmbach
Foto-Günter, Triberg
August Hog, St. Märgen
Dr. Gustav Schöck, Stuttgart
Schwarzwaldmuseum Triberg

1 2 3 4 5 08 07 06 05 04


Satz und Gestaltung: Anette Wenzel, Tübingen;
Umschlag unter Verwendung einer Fotografie
von Karl Blumenthal (1866–1944).
Lektorat: stegmeiers rotstift, Heidelberg.
Druck: Gulde-Druck, Tübingen.
Printed in Germany.

ISBN 3-87407-621-0

# Inhalt

*Wilde Wasser stürzen tosend über steile Felsabgründe – 165 Meter tief und über sieben Stufen: Deutschlands höchste Wasserfälle in Triberg.*

# Wilder Wald, Zauberwald

## Einführung

Schwarzwald, wilder Wald, Zauberwald. Rau ist das Waldgebirge. Aber auch lieblich und verträumt. Urig und heimelig.

Hohe, dunkle Tannen prägen diese Landschaft, in der es weite Talauen und steilwandige Schluchten gibt, alpine Berge mit kahlen Kuppen und sanfte, grasbewachsene Hügel. Im Winter kann die Schneedecke in den Hochlagen meterdick sein. Reißende Bäche stürzen bei Schneeschmelze und Unwettern in Kaskaden über die Felsen und tosen in Stromschnellen weiter zu den Flüssen. Mitten im Wald kann man auf wohlig warme Quellen treffen, natürliche Wildbäder, oder auf kühle Sauerbrunnen, die frisches Mineralwasser hervorsprudeln.

Der Schwarzwald reicht von Durlach und Pforzheim im Norden bis Bad Säckingen im äußersten Süden. Die großen, geschlossenen Wälder im Norden reißen nach Süden hin immer mehr auf. Feldberg, Belchen und Blauen geben den Blick frei hinüber zu den Alpen und zu den Vogesen. Steil fallen die Berge zur Rheinebene im Westen ab, flach zu Neckar- und Donautal im Osten.

Der Feldberg ist mit seinen Gipfeln »Höchsten« (1493 Meter), »Mittelbuck« (1462 Meter) und »Seebuck« (1448 Meter) der höchste deutsche Berg außerhalb der Alpen und gehört zu den kühlsten Regionen. Gämsen klettern hier in den Felswänden. Alpen-Troddelblume, Felsenehrenpreis und Enzian leuchten aus den Moosen. Spektakulär auch das enge Höllental unter den Hirschsprung-Felsen oder die Wutachschlucht, in der sich Eisvögel, Gebirgsstelzen und Wasseramseln wohl fühlen und Orchideen wie Knabenkraut und Sumpfstendelwurz. Der in die Rheinebene vorgelagerte Kaiserstuhl gehört zu den wärmsten Gegenden Deutschlands, auf seinem Vulkangestein gedeihen berühmte Weine.

Die Namen zwischen den schattigen Tannenwäldern wie »Nothschrei«, »Zuflucht«, »Siehdichfür«, »Bärental« oder »Wolfach« deuten auf keine sehr gemütliche Gegend hin. Zu den frühen Siedlern, die sich in diese Wildnis vorgewagt haben, gehörten Mönche. In ihrem Gefolge kamen Glasmacher, deren hoher

Holzbedarf durchaus erwünscht war. Die von ihnen gerodeten Flächen lockten Bauern an, die ihr Vieh dort weiden ließen.

Politisch war der Schwarzwald über Jahrhunderte ein Flickenteppich, wobei viele Gebiete zu den Vorlanden Österreichs gehörten. Holz war und ist der Reichtum des Schwarzwalds. Viele Holzfäller wurden aus den Alpen in den Schwarzwald geholt. Wagemutige Flößer steuerten die gefällten Baumstämme auf mitunter sehr gefährlichen Wasserwegen aus dem Waldgebirge heraus und über den Rhein bis hinauf nach Holland. Der Holzhandel florierte derartig, dass der Schwarzwald Ende des 18. Jahrhunderts vom Kahlschlag bedroht war. Napoleon stoppte den Raubbau.

Zum Schwarzwald gehören die frischen Forellen aus den Gebirgsbächen, der nach würzigem Tannenrauch duftende Schinken, der dunkelgoldene Tannenhonig, der blauschwarze Heidelbeer-Kuchen und das feine Kirschwasser. Die Schwarzwälder Kirschtorte ist ebenso weltberühmt wie die Kuckucksuhr.

An Sagen und Legenden ist der Schwarzwald überreich, fast könnte man meinen, hinter jedem Baum sitze ein Glasmännlein und hier sei kein See und kein Tümpel, in dem nicht eine Nixe wohne. Schwarzwald, wilder Wald, Zauberwald.

*»Schwarzwälder Hirschvieh« auf einer Allmendweide bei Bernau*
*Rechts: Der typische Schwarzwaldhof, einsam und abgelegen, braucht einen nahen Wasserlauf.*

## Wie Mark Twain den Schwarzwald beschreibt

»Diese Wälder erstrecken sich ohne Unterbrechung über ein riesiges Gebiet; und überall sind sie sehr dicht, sehr still, sehr harzig und duftend. Die Baumstämme sind stark und gerade gewachsen, und an vielen Stellen ist der Boden meilenweit unter einem dichten Moospolster von leuchtendgrüner Farbe verborgen, dessen Oberfläche keine welken oder rissigen Stellen aufweist und dessen makellose Sauberkeit kein herabgefallenes Ästchen oder Blatt befleckt. Das satte Dämmerlicht einer Kathedrale durchdringt die Säulengänge; die vereinzelten Sonnenflecke, die hier auf einen Stamm und dort auf einen Ast treffen, treten deshalb stark hervor, und wenn sie auf das Moos treffen, so scheint das beinahe zu brennen. Aber die sonderbarste und zauberhafteste Wirkung bringt das zerstreute Licht der tief stehenden Nachmittagssonne hervor; da vermag kein einzelner Strahl in die Tiefe zu dringen, doch das diffuse Licht nimmt die Farbe von Moos und Laubwerk an und durchflutet den Wald wie ein schwacher, grün getönter Dunst, das Bühnenfeuer des Feenreiches. Der Hauch des Geheimnisvollen und des Übernatürlichen, der zu allen Zeiten im Walde spukt, wird durch dieses unirdische Glühen noch verstärkt.«

*Die Schneedecke im Schwarzwald kann meterhoch werden.*

# Vom Urwald bis Napoleon

## Geschichtlicher Abriss

*Bären bevölkerten bis Ende des 16. Jahrhunderts den Schwarzwald – zahlreiche Wirtshäuser tragen heute noch den Namen »Zum Bären«.*

Schwarzwald hieß der Schwarzwald nicht immer. Der Ausdruck »Svarzwald« ist erstmals dokumentiert in einer St. Gallener Urkunde aus dem Jahr 868. Im Mittelalter wurde es üblich, Namen zu latinisieren – so entstand der Begriff »Silva Nigra«, der also nicht, wie oft vermutet wird, von den Römern stammt. Bei den Römern hießen die beiden Gebirge Schwarzwald und Alb vielmehr die Abnoba-Berge.

Schwarzwälder gibt es eigentlich erst seit dem Hochmittelalter. Davor war der Schwarzwald ein unbewohnter Urwald. Allenfalls zur Jagd hat man sich in das dicht bewaldete Gebirge vorgewagt. Neben Rotwild und Wildschweinen waren Luchse, Wölfe und Bären im Schwarzwald heimisch. Der letzte Bär soll Ende des 16. Jahrhunderts bei St. Peter von Bauern und dem Klosterjäger gejagt worden sein. Der letzte Wolf wurde 1798 im Nordschwarzwald erlegt.

Von prähistorischer »Fundleere« sprechen Historiker und Archäologen – Siedlungsspuren fehlen im Schwarzwald bis zum Mittelalter. Im Gegensatz zur Umgebung rundherum war diese Landschaft noch bis zum 10. Jahrhundert nach Christus ein einziger, dichter Gebirgswald, Baum an Baum, ohne jegliche Rodungsinseln, ohne Wiesen und Felder.

*»Silva Nigra« hat Sebastian Münster (1488 bis 1552) die Landkarte überschrieben, die er vom nur schwer passierbaren Schwarzwald anfertigte.*

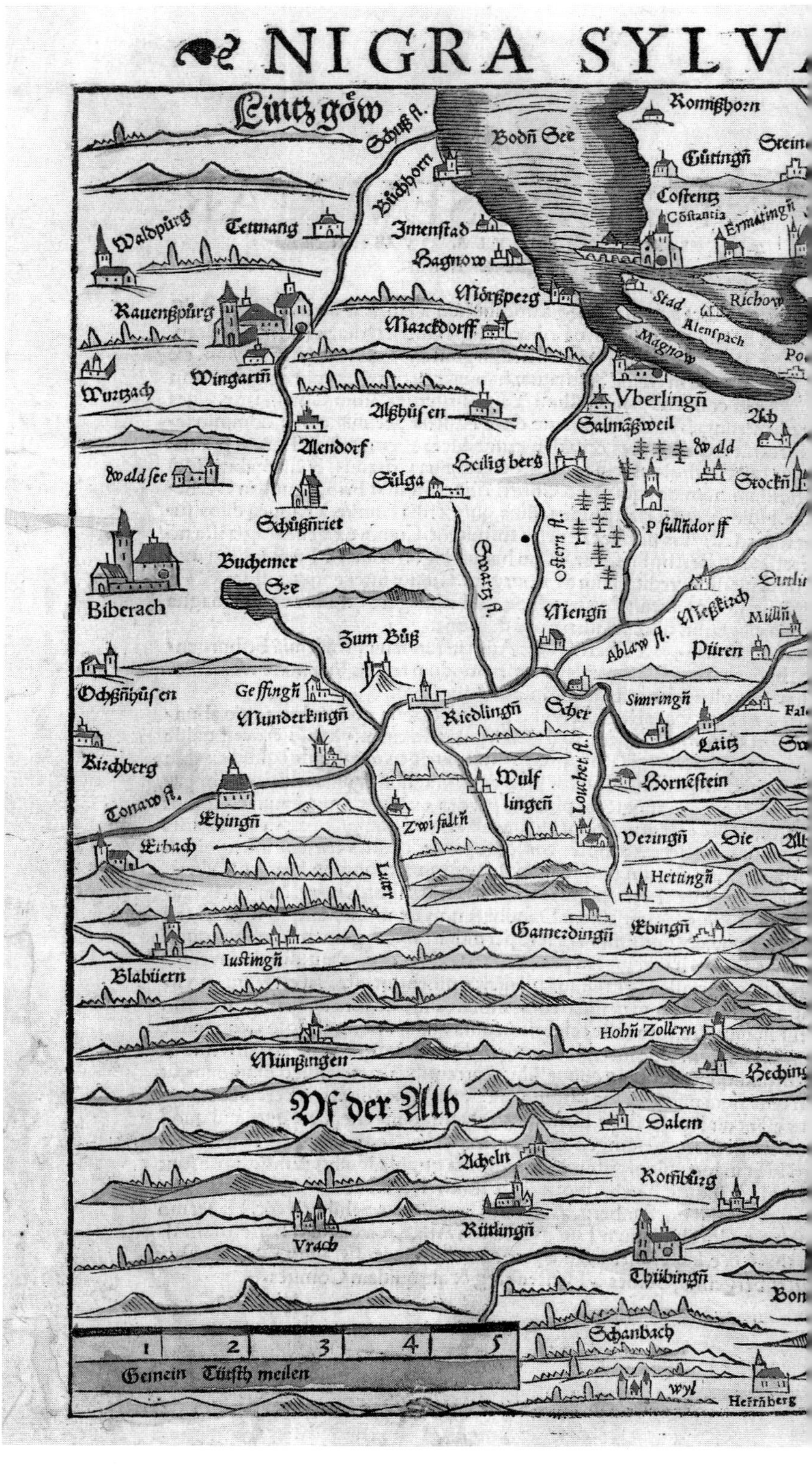

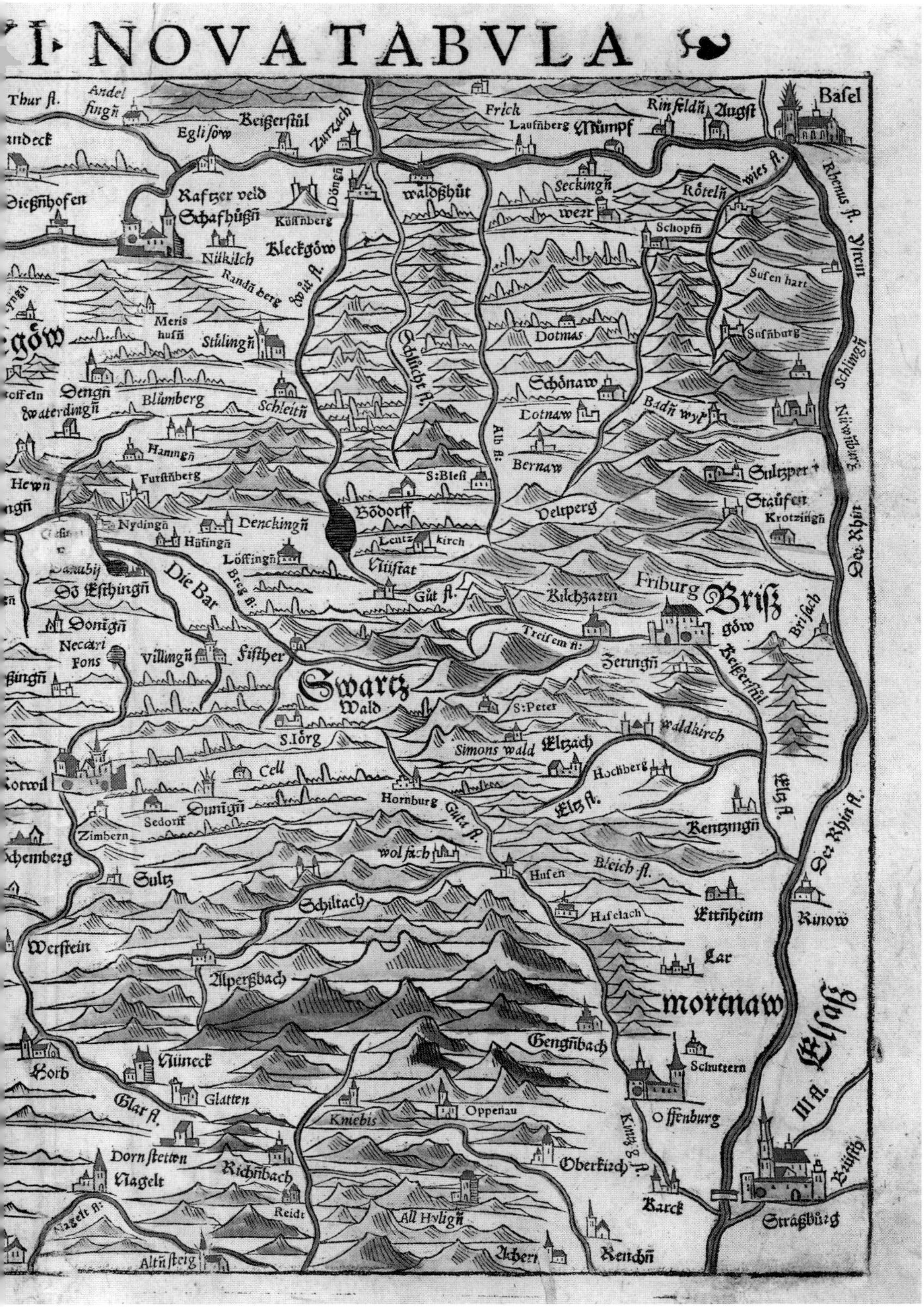
XI NOVA TABVLA
Thur fl.
Andelfingñ
Reißerstûl
Eglisow
Zurzach
Frick
Laufñberg
Mumpf
Rinfeldñ
Augst
Basel
Dießñhofen
Raftzer veld
Schafhûßñ
Küssnberg
Döngñ
waldßhût
Seckingñ
wezr
Rôtelñ
wies fl.
Rhenus fl.
Nükilch
Kleckgôw
Wût fl.
Schopfñ
Susen hart
Randñ berg
Meris hußñ
Stülingñ
Schlücht fl.
Dotmas
Susñburg
Schlingñ
Dengñ
Blûmberg
Schleitñ
Schônaw
Badñ wyl
Dotnaw
Alb fl.
Hanngñ
Bernaw
Nüwñburg
Furstñberg
S:Bleß
Sultzper
Hewn
Stauffen
Krotzingñ
Nydingñ
Denckingñ
Bôdorff
Deltperg
Hüfingñ
Lentz kirch
Der Rhin
Löffingñ
Nüstat
Die Bar
Breg fl.
Gût fl.
Kilchzartn
Friburg
Briß gôw
Brisach
Donigñ
Necari Fons
Villingñ
Fisther
Treisem fl.
Zeringñ
Reissenstûl
Swartz wald
S:Peter
S.Iörg
waldkirch
Simons wald
Eltzach
Cell
Hochberg
Hornburg
Guta fl.
Eltz fl.
Dunigñ
Sedorff
Zimbern
Kentzingñ
Der Rhin fl.
wolfach
Husen
Bleich fl.
Sultz
Schiltach
Haselach
Ettñheim
Rinow
Werstein
Lar
Alperßbach
mortnaw
Elsaß
Gengñbach
Nüneck
Schuttern
Horb
Glatten
Glar fl.
Oppenau
Kniebis
Offenburg
Ill fl.
Kintzig fl.
Dornstetten
Nagelt
Richñbach
Oberkirch
Brüsch
Nagelt fl.
Reidt
All Hyligñ
Barck
Strâßbûrg
Altñsteig
Achern
Renchñ

## Wölfe im Wald

Dass der Schwarzwald ein wilder Wald war, kann man beispielhaft der »Lang Forstgeschichte von Wildbad« entnehmen. Darin ist ein drastischer Anstieg vor allem von Wölfen im Schwarzwald nach dem Dreißigjährigen Krieg verzeichnet. Der letzte Bär im Forst Nagold wurde 1558 erlegt.

Die Zahlen der nach dem Dreißigjährigen Krieg erlegten Tiere:
- 1640: 4 Wölfe 1 Luchs
- 1650: 66 Wölfe 6 Luchse
- 1655: 101 Wölfe 16 Luchse
- 1660: 145 Wölfe 8 Luchse

1718 wurden in Württemberg 43 Wölfe erlegt, die meisten im Schwarzwald:
- in Wildbad 10 Wöfle
- in Freudenstadt 6 Wölfe
- in Liebenzell 10 Wölfe
- in Altensteig 8 Wölfe

1742/43 erlegte man im Neuenbürger Forst sechs Wölfe und fünf Luchse.

Ein paar wenige Ausnahmen gab es jedoch am äußersten Rand des Schwarzwalds, wo die angrenzenden, fruchtbaren Ebenen noch gut erreichbar waren, wie zum Beispiel an der Enz im Nordschwarzwald. »Metall gegen Getreide« – dieser Tauschhandel, so vermutet man, soll die Kelten dazu motiviert haben, auf dem Schlossberg in Neuenbürg zu siedeln. In der Umgebung dieser Siedlung im Enztal hat man Reste keltischer Rennöfen gefunden, die zur Eisen-Verhüttung gedient haben. Holzkohleproben aus mehreren Ofenfüllungen datiert man ans Ende des 6. oder ins 5. Jahrhundert vor Christus. Im äußersten Süden des Schwarzwalds, bei Säckingen am Hochrhein, fand man sogar Siedlungsspuren aus der Steinzeit.

Doch das Innere des Schwarzwalds war bis zum Mittelalter unbewohnt. Zwar gibt es auch hier einige steinzeitliche Funde. Diese werden jedoch von den allermeisten Archäologen so gewertet, dass Menschen die Wälder zwar durchstreift, sich aber nicht angesiedelt haben.

Wenn Gefahr bestand, hat man den schwer zugänglichen Schwarzwald auch als Schutz empfunden und sich dorthin zurückgezogen. Allerdings nur vorübergehend und wiederum nur bis in die Randbezirke der bewaldeten Hügellandschaft. Reste von Ringwällen deuten auf ehemalige Fluchtburgen. Eine solche Zufluchtsstätte lag im Zartener Becken, wo sich Kelten aufgehalten haben müssen. Das Wort »Zarten« leitet sich aus dem keltischen »Tarodunum« ab.

Die steilen und dicht bewaldeten Berge zu überwinden war schwer ohne Wege und Straßen. Am ehesten zu durchqueren war der Schwarzwald entlang der großen Flusstäler in Ost-West-Richtung, am einfachsten entlang der Kinzig. Nachweise antiker Wege gibt es auch für Höllental und Wagensteig, Glottertal und die Höhen um St. Peter. Die Hauptroute jedoch führte immer durch das auf weite Strecken breite Kinzigtal.

Die Römer nutzten die alten Pfade. Um 74 nach Christus bauten sie den Weg durchs Kinzigtal zur befahrbaren Straße aus. Somit wurden die Römerstädte Argentorate, das spätere Straßburg, und Arae Flaviae, das spätere Rottweil, miteinander verbunden. Diese Achse führte an der Südflanke der Alb entlang weiter bis Augusta Vindelicum, dem späteren Augsburg, damals Hauptstadt der römischen Provinz Rätien. Die Route durch das Kinzigtal verband somit auch die östlich und westlich des Schwarzwalds liegenden römischen Provinzen an Rhein, Neckar und Donau.

Die Römer waren es auch, die die Thermalquellen am Westrand des Schwarzwalds sehr zu schätzen wussten. Sie schlugen dort nicht nur ihre Zelte auf, sondern gründeten gleich Städte an den warmen Quellbädern. Ettlingen, Baden-Baden und Badenweiler gehen auf solche römischen Ortsgründungen zurück.

Rätselhaft ist für die Historiker, woher die im Schwarzwald, vor allem zwischen Kinzig- und Elztal, so zahlreichen romanischen Ortsbezeichnungen stammen. Es gibt keine entsprechenden Siedlungsspuren.

Im frühen Mittelalter nimmt zwar die Besiedlung hauptsächlich am Ostrand des Schwarzwalds zu – besonders in den fruchtbaren Flusstälern des oberen Gäus

*Die Römische Badruine in Badenweiler ist von einer Glaskuppel überspannt.*

entlang von Nagold, Waldach, Glatt und Neckar. Der Schwarzwald selbst jedoch wird weiter gemieden. Auch der Beginn der fränkischen Herrschaft im 6. Jahrhundert ändert daran zunächst nichts. Die alemannischen Sippen flüchten vor den Franken ins Voralpenland und noch weiter nach Süden, in die spätere Schweiz, und einige auch auf die unwirtlichen, wasserarmen Höhenzüge der Schwäbischen Alb. Merkwürdigerweise jedoch nicht in den Schwarzwald – das von unzähligen Wasserläufen durchzogene, aber dicht bewaldete Gebirge bleibt weiter siedlungsfrei.

In der Rinkenmauer bei Baiersbronn, dem Rudersberg bei Calw und den Wallanlagen bei Kuppenheim sieht man Befestigungsanlagen, die sicher vor dem 10. Jahrhundert erbaut wurden, aber auch deutlich älter sein können. Wiederum sind es Zufluchtsorte. Ihre Kennzeichen sind starke Umfassungsmauern oder Wälle in möglichst unzugänglicher Lage, eine Innenbebauung hatten sie nicht – man hielt sich hier nur vorübergehend auf.

Zu den Ersten, die sich als Siedler in das Innere des Schwarzwalds vorgewagt haben – laut der historisch fassbaren Spuren –, gehörten Mönche, die ihre Zellen dort in Tallagen und in Flussnähe errichteten. Ob sie möglicherweise doch auf vorhandene Siedlungsstrukturen zurückgreifen konnten, ist archäologisch jedenfalls nicht belegt. Das älteste Schwarzwaldkloster wurde im 6. Jahrhundert auf einer Insel im Hochrhein errichtet, um dieses herum entstand später Bad Säckingen. Etwas weiter vorgewagt haben sich die Gründer von St. Trudpert um die Mitte des 7. Jahrhunderts. Es folgten das zwischen 724 und 727 gebaute Kloster Gengenbach, 830 die Abtei Hirsau, 858 St. Blasien, 926 Waldkirch, 993 Sulzburg. Doch abgesehen von den Klöstern war der Schwarzwald noch im 10. Jahrhundert weiter nahezu siedlungsleer.

Nach den Klöstern versuchte auch der Adel, sich Teile des Schwarzwalds zu Eigen zu machen. Von den Rändern her begann man zu roden. Beteiligt waren die Geschlechter Waldeck, Rötteln, Kal-

*Schon früh wurde im Schwarzwald Bergbau betrieben.*

*Auf einer Insel im Hochrhein wurde das erste Schwarzwaldkloster errichtet.*

tenbach und Falkenstein im südöstlichen und Hochschwarzwald, im Norden die badischen Markgrafen, die Calwer und Ebersteiner, die Tübinger und Hohenberger Grafen. Burgen aus dem 11. Jahrhundert sind Burg Falkenstein bei Schramberg, Alteberstein, Hohenbaden, Ullenburg, Schauenburg, Staufenberg bei Durbach und Althornberg. Auch die meisten dieser Burgen wurden noch in den Randlagen errichtet, wo sie leicht von außen her zu versorgen waren.

Kein Adelsgeschlecht verstand es so wie die Zähringer, sich als Führungsmacht über weite Gebiete des Schwarzwalds zu etablieren. In der ersten Hälfte des 11. Jahrhunderts wurde die Ortenau (ehemals Mortenau) zähringisch und ein wichtiger Stützpunkt am Oberrhein. 1093 verlegten die Zähringer ihre Propstei von Weilheim an der Teck in den Hochschwarzwald und gründeten St. Peter. Nach und nach gewannen die Zähringer unter anderem die Vogteien St. Georgen, St. Blasien und Allerheiligen und beherrschten schließlich den größten Teil des Schwarzwalds. Sie hatten Besitzungen und Rechte an den Flüssen Dreisam, Rench, Kinzig, Schiltach, Glatt, Brigach, Breg und Wutach und entlang der alten Verbindungswege durch den Schwarzwald. Die Zähringer gründeten die Städte Freiburg, Villingen und Offenburg.

Laut des Historikers Ottnad kann man sagen, dass sich unter den Zähringern der Schwarzwald innerhalb von zwei Jahrhunderten von einem siedlungsleeren zu einem besiedelten Raum wandelte. Gegenspieler der Zähringer waren die Staufer, mit denen sie um das schwäbische Herzogtum rangen. Mit dem Schwarzwald hatten die Zähringer eine »mächtige Barre«, wie es Ottnad formuliert, zwischen den staufischen Gebieten im Elsass einerseits und zwischen Fils und Rems andererseits.

1218 starben die Zähringer aus, 1268 mit Konradin auch die Staufer. Die aus dem Aargau stammenden Habsburger nutzten diesen Machtzerfall nördlich des Rheins. 1173 hatten sie sich bereits die Vogtei über Säckingen angeeignet und sich damit ein Einfallstor im Süden des Schwarzwalds eröffnet. Etwa 1250 gründeten die Habsburger die Stadt Waldshut, ein weiterer Vorposten in Richtung Schwarzwald. 1254 konnten die Habsburger mit der Vogtei über St. Blasien ihren Herrschaftsbereich über den Schwarzwald weiter ausbauen.

1273 wurde Rudolf von Habsburg deutscher König. 1282 verlieh er seinen Söhnen die österreichischen Herzogtümer. Der Hauptsitz der Habsburger verlagerte sich nach Wien. 1363 kam die Grafschaft Tirol zu Habsburg – von hier aus wurden die habsburgischen Gebiete auf dem Schwarzwald, die man nun zu den »vorderen österreichischen Landen« zählte, von 1415 bis 1753 verwaltet. Viele Waldarbeiter kamen von Tirol in den Schwarzwald und mit ihnen auch ihre Traditionen wie manche Fasnetsbräuche. Etliche Schwarzwälder Familiennamen belegen noch die Herkunft aus den Alpen.

1477 heiratete der österreichische Kaiser Maximilian I. die Burgunderprinzessin Maria. Durch diese Verbindung war der Schwarzwald nicht mehr nur Randgebiet der habsburgischen Herrschaft, sondern stellte eine wichtige Brücke zum Königreich Burgund dar. Die Habsburger bauten deshalb eine Straße über den Schwarzwald.

Die Unruhen der Bauernkriege nahmen im Schwarzwald ihren Anfang. 1524 soll die Gräfin von Stühlingen von den ihr untergebenen Bauern ausgerechnet mitten im Sommer verlangt haben, Schneckenhäuschen zu sammeln, weil sie darauf ihr Garn aufwickeln wollte. Das brachte die ohnehin schon reichlich verärgerten Bauern vollends aus dem Häuschen. Der Aufstand der Bauern breitete sich wie ein Lauffeuer weit über den Schwarzwald hinaus aus – der Bundschuh als Gegensymbol zum Stiefel der Adligen war ihr Zeichen. Innerhalb mehrerer Schlachten wurden die Haufen der zorneswütigen Bauern vom Schwäbischen Bund, der Vereinigung der schwäbischen Reichsstände, schließlich zusammengeschlagen.

*Abend über den Schwarzwaldbergen*

Zu Vorderösterreich gehörte auch die von Waldshut aus verwaltete Grafschaft Hauenstein, die man Hotzenwald nennt. Der Name kommt von einem Kleidungsstück, zu dem es verschiedene Theorien gibt: Die einen sagen, die dort üblicherweise getragene »Hotz« sei ein graues, grobes Wolltuch, die anderen, es sei die »Hozze« gemeint, eine schwarze, eng gefältelte Hose, die von den Männern getragen wurde.

Im schwer zu bewirtschaftenden Hotzenwald wollte kaum jemand siedeln. Gelockt hat man die Bauern mit Privilegien, »freie, keiner Obrigkeit unterthane Leut« sollten sie sein. Von Kaiser Maximilian erhielten sie 1516 die Zusage, dass sie »keine Steuer oder Dienst thuen oder dienen sollen«. Das Kloster St. Blasien jedoch konnte seinen Herrschaftsbereich in Teile des Hotzenwaldes hinein ausdehnen. Um 1720 sahen die Hotzenwälder ihre Freiheit durch das Kloster be-

droht. Dies führte zu heftigen Aufständen, die der Salpetersieder Hans Albietz aus Buch anführte. 1726 reiste er nach Wien, um die alten Rechte wieder durchzusetzen. Er wurde jedoch in Freiburg ins Gefängnis geworfen. Viele Hotzenwälder Familien wurden nach Ungarn und ins Banat geschickt.

Wem was im Schwarzwald gegen Ende des Alten Reichs gehörte, beantwortet der Historiker Bernd Ottnad mit Zahlen: »Erste Macht in der Landschaft war Vorderösterreich. Unter seiner Hoheit befanden sich 32 % ihres Gebiets; mit deutlichem Abstand folgten Württemberg mit 23,4 %, Baden mit 19,6 % und, bereits mit größerem Abstand, Fürstenberg mit 12,6 %.« Für die Grafschaft Bonndorf nennt er 4,1 % , das Bistum Straßburg 3,9 %, für die Reichsstädte, das Reichstal Harmersbach, die Reichsritterschaft, den Johanniterorden und die Herrschaft Geroldseck zusammen 4,4 %.

Nach der Französischen Revolution wurden die Karten auch im Schwarzwald neu gemischt – die Landkarten! Es gab eine Art »Länderschacher [...], aus dem Napoleons Günstlinge Baden und Württemberg, nicht zuletzt auch dank riesiger Schmiergelder, ihre Annexionen einbringen konnten«, so Ottnad.

Österreich hingegen wurde nach Koalitionskriegen durch den Pressburger Frieden 1805 dazu gezwungen, seine Vorlande und damit auch seine Gebiete im Schwarzwald aufzugeben. Die Markgrafschaft Baden, 1803 zum Kurfürstentum und 1806 zum Großherzogtum aufgestiegen, und das zum Königreich erhobene Württemberg konnten den Schwarzwald nun fast völlig unter sich aufteilen.

Überliefert ist, dass Napoleon sich für den Erhalt des vom Kahlschlag bedrohten Baumbestands im Schwarzwald einsetzte. Der Kaiser untersagte 1806 »das schädliche Abholzen der Forsten«, die man vielmehr als »unantastbaren Schatz« zu behandeln habe. Napoleon wusste, wovon er sprach. Nach der Revolution hatte man in Frankreich fast vier Millionen Hektar Wald geschlagen. Bodenerosion, Sturzfluten und Wassernot waren die direkten Folgen. Mit dem Rheinbund 1806 konnte Napoleon die Grenzen in Zentraleuropa neu festlegen. Württemberg musste den größten Teil seines Herrschaftsbereichs im Schwarzwald an Baden abtreten und wurde dafür mit Gebietserweiterungen im Osten entschädigt. Der weitaus größte Teil des Schwarzwalds wurde badisch.

*Das typische Schwarzwaldhaus vereint Wohnräume, Ställe und Speicher unter einem Dach.*

# Wilde Wasser und Wildbäder

## Wasserreichtum

Der Schwarzwald ist überreich an Wasser. Im Süden und Westen begrenzt der mächtige Rhein das Gebirge. Am Ostrand des Schwarzwalds entspringt nicht nur der Neckar, der von seiner Quelle bei Schwenningen zunächst bis Horb am Fuß der Berge bleibt. Nicht weit davon entfernt fließen Brigach und Breg als Donau zusammen, Europas zweitgrößter Fluss.

*Der Triberger Wasserfall ist immer spektakulär:*
*auf dem Bild links gefroren, oben während eines heftigen Regens.*

Die unzähligen Wasserläufe aus dem Inneren des Schwarzwalds fließen entweder in den Rhein – direkt oder über den Neckar – und weiter in die Nordsee, oder sie münden in die Donau und mit ihr ins Schwarze Meer. Die Wasserscheide führt über den Schwarzwald.

Die Kinzig ist einer der wichtigsten Flüsse des Schwarzwalds. Ihr von Westen her sehr weites Tal, das den Schwarzwald quert, war immer der einfachste Weg, durch das Gebirge zu kommen. Um die beiden Flüsse Rhein und Donau und damit wichtige Handelsrouten miteinander zu verbinden, befestigten die Römer den alten Pfad durch das Kinzigtal. Ein Meilenstein, der 1615 bei Offenburg in der Kinzig gefunden wurde, belegt, dass die Römer 74 nach Christus entlang der Kinzig eine Straße »von Straßburg nach Rätien« gebaut haben.

Der Schwarzwald ist fast flächendeckend durchfurcht und überströmt mit Rinnsalen, Bächen und Flüssen. Überall zwischen den hohen Bäumen plätschert, rauscht und strömt es. Mancherorts stürzen wilde Wasser tosend über steile Felsabgründe – 163 Meter tief und über sieben Stufen in Triberg, Deutschlands höchste Wasserfälle. Vereinzelt findet sich auch ein See, Karseen in eiszeitlichen Mulden sind der Feldsee, der Mummelsee, der Titisee und der Wildsee.

### Tacitus

»Die Donau entströmt einem sanft und gemach ansteigenden Bergrücken des Abnobagebirges und berührt mehrere Völkerschaften, bis sie in das pontische Meer in sechs Armen hineinbricht, die siebte Mündung wird durch Sümpfe verschlungen.«

So beschreibt der Römer Tacitus die Donau, wobei er mit dem Abnobagebirge den Schwarzwald und die Alb zusammen meint.

### Mark Twain

»Nach dem Abendessen gingen wir die Bergschlucht hinab. Sie ist wunderschön – eine Mischung von Waldlieblichkeit und rauher Wildnis. Ein klarer Wasserlauf kommt die Schlucht herabgerauscht, windet sich an ihrem Ende durch einen engen Spalt zwischen hohen Wänden und stürzt über mehrere Stufen nacheinander hinab.«

# Wildbäder

So rau der Schwarzwald an manchen Stellen erscheinen mag – so angenehm und wohltuend sind doch seine teils mitten im Wald von selbst hervorsprudelnden warmen Quellen, die man früher als »Wildbäder« bezeichnete. Die kalten, stark kohlensäurehaltigen Mineralquellen hingegen nannte man »Sauerbrunnen«. In den Thermen des Schwarzwalds badeten schon die Römer gerne. An drei am Westrand des Schwarzwalds gelegenen warmen Mineralquellen siedelten sie auch – Badenweiler, Baden-Baden und Ettlingen gehen auf Ortsgründungen der Römer zurück. Seit dem Mittelalter waren es dann Badenweiler, Baden-Baden und Wildbad, deren Bäder weltberühmt wurden.

Aquae Villae nannten die Römer ihre 75 nach Christus gebaute Siedlung an der Grenze des Südschwarzwalds zur Rheinebene, das spätere Badenweiler. Es ist bekannt für sein mildes Klima und eine 26,4 °C warme lithiumhaltige Quelle. Die hier 1784 wiederentdeckte römische Badruine gilt als die besterhaltene nördlich der Alpen. Neben den imposanten Becken selbst hat man unter anderem noch einen Stein gefunden, dessen Aufschrift das Bad der Diana Abnoba weiht, also der römischen Jagdgöttin von Schwäbischer Alb und Schwarzwald. Außerdem

*Mittelalterliche Badeszenen*

fand man eine Art Schlüssel oder Spange mit der Aufschrift »Si me amas« (= »wenn/falls du mich liebst«). 1875 baute man neben die Ruinen ein Bad im Stil einer römischen Basilika.

*König Wilhelm II. zu Besuch in Wildbad*
*Das König-Karl-Bad am Enzufer in Bad Wildbad (links oben)*
*Der Kuppelsaal im Inneren des Bades (links unten)*

Aquae Aureliae nannten die Römer das spätere Baden-Baden, wo zunächst ein Bad für die Soldaten errichtet wurde. Ein opulenterer Bau folgte – die römischen Kaiser Trajan, Hadrian und Caracalla sollen hier in das warme Quellwasser gestiegen sein. Das Adelsgeschlecht Baden nannte sich seit dem 11. Jahrhundert nach dem alten Römerbad. Während der Französischen Revolution flüchteten viele französische Adlige nach Baden-Baden. 1806 gab Kurfürst Karl Friedrich hier seine Erhebung zum Großherzog von Baden bekannt. Ein Jahr später ließ Baron Johann Friedrich Cotta das Kapuzinerkloster zum Badischen Hof umbauen – eines der ersten Grand Hotels in Europa.

*1856 – europäischer Hochadel in Wildbad*

Baden-Baden wurde immer mehr zum Treffpunkt des europäischen Hochadels. Der Architekt und badische Oberbaudirektor Friedrich Weinbrenner gestaltete die Anlagen um die heißen Solethermen prunkvoll aus – 1821 das »maison de conversations« mit Spiel- und Theatersälen, 1823 die Alte Trinkhalle und weitere Badeeinrichtungen. Das 1838 gegründete Casino nahm den ersten Rang in Europa ein. Unter den Gästen waren Kaiser Napoleon III., Queen Victoria, Kaiser Wilhelm I., Kaiserin »Sissi« von Österreich und Zar Nikolaus. Künstler wie Johannes Brahms, Franz Liszt, Niccolo Paganini oder Gioacchino Rossini gesellten sich ebenso dazu wie Iwan Turgenjew, der hier »Rauch« geschrieben hat, und Dostojewski, dessen bekanntester Roman »Der Spieler« hier entstand. Auch Tolstoi soll in Baden-Baden sein letztes Geld verspielt haben.

Ab 1851 stellte der Nachtexpress eine zügige Verbindung zwischen Baden-Baden und Paris her. 1872 entstand ein weiteres Heilbad mit 20 heißen Quellen und 1876 das Friedrichsbad. 1880 wurde für die zahlreichen Russen in der Stadt eine russische Kirche im byzantinischen Stil erbaut.

## Auch Mark Twain besuchte Baden-Baden

»Wohl kein anderes Land ist mit Heilquellen so reich gesegnet wie Deutschland. Einige dieser Bäder sind für das eine Leiden gut, andere für ein anderes; besondere Leiden wiederum werden bezwungen, indem man die individuellen Eigenschaften verschiedener Bäder miteinander kombiniert. Zum Beispiel trinkt der Patient gegen einige Krankheiten das einheimische heiße Wasser von Baden-Baden, in dem ein Löffel Salz aus den Karlsbader Quellen aufgelöst ist. Das ist eine Dosis, die man nicht gleich vergisst.

Dieses heiße Wasser wird nicht verkauft; nein, man geht in die große Trinkhalle und steht herum, erst auf einem Bein und dann auf dem anderen, während zwei oder drei junge Mädchen in der Nähe sitzen, an einer damenhaften Handarbeit pusseln und einen anscheinend nicht wahrnehmen – höflich wie die Hilfsschreiber auf einer Behörde.

Schließlich steht eine von ihnen mühselig auf und ›streckt sich‹ – dehnt Fäuste und Leib gen Himmel, bis sich die Fersen vom Boden lösen, und erfrischt sich gleichzeitig durch ein so umfassendes Gähnen, daß der größte Teil ihres Gesichts hinter der Oberlippe verschwindet und man sehen kann, wie sie inwendig gebaut ist – dann schließt sie langsam ihre Höhle, senkt Fäuste und Fersen, kommt träge nach vorn, betrachtet einen verächtlich, zapft einem ein Glas heißes Wasser ab und stellt es da hin, wo man es erreichen kann, wenn man sich danach ausstreckt. Man nimmt es und sagt: »Kostet?« – und sie gibt mit vollendeter Gleichgültigkeit die Antwort eines Bettlers zurück: »Nach Belieben.«

Daß sie den üblichen Trick und die übliche Formel der Bettler anwendet, einen der eigenen Freigebigkeit zu überlassen, wenn man einen einfachen, ehrlichen, geschäftlichen Vorgang erwartet hat, erhöht noch ein wenig das wachsende Gefühl der Verärgerung.

Man ignoriert ihre Antwort und fragt wieder: »Kostet?«

Und sie antwortet gelassen, gleichgültig: »Nach Belieben.«

Allmählich wird man wütend, versucht aber, es nicht zu zeigen; man beschließt, so lange weiterzufragen, bis sie ihre Antwort oder wenigstens ihre aufreizend gleichgültige Art ändert. Wenn der Fall so liegt wie meiner, stehen also die beiden Narren da, blicken einander ohne merkliche Erregung irgendwelcher Art oder Betonung irgendeiner Silbe sanft in die Augen und führen die folgende idiotische Unterhaltung:

»Kostet?«

»Nach Belieben.«

»Kostet?«
»Nach Belieben.«
»Kostet?«
»Nach Belieben.«
»Kostet?«
»Nach Belieben.«
»Kostet?«
»Nach Belieben.«
»Kostet?«
»Nach Belieben.«

Ich weiß nicht, was jemand anders getan hätte, aber an dieser Stelle gab ich es auf: dieser gusseisernen Gleichgültigkeit, dieser gelassenen Verachtung war ich nicht gewachsen, und ich strich die Flagge. Nun wusste ich zwar, dass sie von tapferen Leuten, die sich nicht um die Meinung von Küchenmädchen kümmern, gewöhnlich etwa einen Penny erhielt und etwa zwei Pennies von moralischen Feiglingen; ich aber legte ein silbernes Fünfundzwanzigcentstück in ihre Reichweite und versuchte, sie durch folgende sarkastische Ansprache kleinzukriegen:

»Wenn es nicht reichen sollte, würden Sie sich bitte so weit von Ihrem Thron herablassen, mir das zu sagen?«

Sie wurde nicht klein. Ohne mich überhaupt eines Blickes zu würdigen, ergriff sie träge die Münze und biss hinein! – um zu sehen, ob sie echt wäre. Dann wandte sie mir den Rücken zu, watschelte geruhsam zu ihrem früheren Platz und warf im Vorbeigehen das Geld in eine offene Kasse. Wie man sieht, blieb sie bis zuletzt Siegerin.«

Eines der Wildbäder hat sogar der berühmten Badestadt an der Enz den Namen gegeben. Wildbad im Enztal wurde wahrscheinlich etwa 1200 von den Mönchen des nahen Klosters Hirsau als Bad angelegt. Spektakulär ist die Geschichte um ein Wildbad, an dem ein »Überfall« stattgefunden hat. Heimtückisch sollen Graf Wolf von Eberstein und Graf Wolf von Wunnenstein 1367 den württembergischen Grafen Eberhard II. (der Greiner) und seinen Sohn Ulrich beim Baden überrascht haben. Mit knapper Not konnten sich Vater und Sohn über die Berge retten. Dies soll der Anlass gewesen sein, um den Ort eine schützende Mauer bauen zu lassen. Allerdings ist nicht belegt, um welches Wildbad es sich in der württembergischen Chronik handelt, da auch andere Badeorte als Wildbäder bezeichnet wurden. Auch Teinach, so die Historiker, könnte gemeint gewesen sein.

Nach Wildbad an der Enz schickte Stuttgart 1617 den herzoglichen Baumeister Heinrich Schickhardt, der hier eine Herberge für die Badegäste und eine neue Fassade um die Quellen zu gestalten hatte. 1840 bis 1847 erweitert Friedrich Nikolaus von Thouret die Anlagen – es entstehen das Graf-Eberhard-Bad und ein Badehotel. Im Stadtpalais empfangen die württembergischen Könige den ausländischen Adel. Mehrfach besucht Zar Alexander seine Mutter Alexandra in Wildbad. 1880 bis 1892 kommt am linken Ufer der Enz das König-Karl-Bad hinzu. Das Innere des Graf-Eberhard-Bads wird 1896 mit bunten Marmorfliesen, Mosaikböden, lichtdurchfluteten Bogenhallen und filigranen Glasdächern zum Luxusbad in orientalisch-maurischem Stil.

*Reges Treiben herrscht auf dem Kurplatz in Wildbad um 1900.*

# Klöster und Höfe

## Siedlungsformen

### Klöster

An der Rodung und Besiedlung des Schwarzwalds waren die Klöster maßgeblich beteiligt, die fast alle dem Benediktinerorden angehörten. Zu den ersten Vorposten im Schwarzwald zählen die Mönchszellen, aus denen später St. Trudpert im Münstertal und Ettenheimmünster hervorgegangen sind. Beide verweisen auf Gründungslegenden aus der ersten Hälfte des 7. Jahrhunderts. Das Kloster auf der Rheininsel von Bad Säckingen soll sogar aus dem 6. Jahrhundert stammen.

*Klosteranlage Alpirsbach*

#### Bad Säckingen

Das Kloster auf der Insel im Hochrhein ist das älteste der Schwarzwaldklöster – sofern man Säckingen zum Schwarzwald zählt. Bereits im 6. Jahrhundert, so wird angenommen, gründete ein Mönch namens Fridolin hier ein Doppelkloster. Die Legende um Fridolin wurde allerdings erst im 10. Jahrhundert von dem Säckinger Mönch Balther aufgeschrieben. Es heißt, Fridolin sei zunächst auf den Widerstand der alemannischen Bevölkerung auf der

*Alter Hof, Bad Säckingen*

Insel gestoßen. Darauf habe sich Fridolin die Rheininsel vom fränkischen König schenken lassen.

## St. Trudpert und Ettenheimmünster

Die Geschichte des Benediktinerklosters St. Trudpert im Münstertal ist nur bruchstückhaft belegt. Es soll auf eine Einsiedelei zurückgehen, die Mönche hier am Grab des im 7. Jahrhundert angeblich erschlagenen Wandermönchs Trudpert errichtet haben, der aus Irland oder Schottland gekommen sein soll. Sicher ist, dass eine Weihe 962 sich auf einen Neubau bezieht, so dass das Kloster bereits vorher bestanden haben muss. In der Nähe des Klosters wurde so viel Silber abgebaut, dass eine von Mauern umgebene Bergbaustadt entstand – Münster, das seinen Namen vom nahen Kloster oder Monasterium erhielt. Die Freiburger, die ebenfalls mit Silber handelten, duldeten diese Konkurrenz im nahen Münstertal jedoch nicht. In der Mitte des 14. Jahrhunderts zerstörten sie die befestigte Stadt vollständig.

Die Gründungslegende des ehemaligen Klosters Ettenheimmünster gleicht der von St. Trudpert exakt. Nur der Name des Mönchs ist anders – Landolin. Nach ihm ist die Wallfahrtskapelle hinter Ettenheim benannt. Die Klosteranlage besteht nicht mehr.

## Gengenbach

Das Benediktinerkloster St. Marien in Gengenbach wurde zu Beginn des 8. Jahrhunderts von einem Pirmin gegründet und zählt damit ebenfalls zu den ältesten Klöstern im Schwarzwald.

## Hirsau

Im Nordosten des Schwarzwalds, im Tal der Nagold, wurde 830 das Kloster Hirsau erbaut, eine Basilika gab es hier schon vorher. Im Codex Hirsaugiensis wird 830 auch bereits die Siedlung Calenbach, das spätere Calmbach an der Enz genannt.

Im 11. und 12. Jahrhundert spielte Hirsau eine herausragende Rolle innerhalb einer Kirchenreform. Vom burgundischen Cluny aus gab es eine Protestbewegung, die der Verweltlichung der Klöster entgegenwirken und den Klöstern mehr Macht nach außen verschaffen sollte. Dieser cluniazensischen Bewegung schloss sich Hirsau nicht nur an, sondern setzte sich im deutschsprachigen Raum an deren Spitze. Es kam zum Streit zwischen Kaiser und Papst. »Vom Ende her betrachtet«, schreibt Karlheinz Ebert, Autor des DuMont-Kunst-Reiseführers »Schwarzwald«, »hatten die cluniazensische Bewegung und in ihrem Gefolge die hirsauische Klosterreform die Grundlagen nicht nur für den Aufstieg des Papsttums zu seiner weltbeherrschenden Stellung im 12. und 13. Jahrhundert, sondern auch für die Rolle des Mönchtums als führender Kulturmacht des Mittelalters geschaffen.«

## St. Blasien

St. Blasien wurde 858 von den Benediktinern gegründet. Im 8. Jahrhundert sollen sich im Tal der Alb jedoch schon Mönche angesiedelt haben. Im Gegensatz zu anderen Klöstern sollen die zu St. Blasien gehörenden Höfe von Laienbrüdern betrieben worden sein. 1728 bis 1742 wurde die Klosteranlage von Baumeister Michael Beer aus der Vorarlberger Schule umgestaltet.

1747 wurde St. Blasien zur gefürsteten Benediktinerabtei erhoben. Fürstabt Martin Gerbert wandelte 1754 das von St. Blasien gewährte Armenalmosen in »ein Kost- und Lehrgeld zum Erlernen der Spinnerei«. Nach dem Vorbild der Fürstenberger gründete Gerbert in seiner Reichsherrschaft Bonndorf eine eigene Brauerei – untergebracht im Roten Haus, benannt nach den einstigen Besitzern, einer Patrizierfamilie von Roth.

*St. Blasien, 1895*

## St. Peter und St. Märgen

St. Peter wurde 1093 von Herzog Berthold II. als Hauskloster der Zähringer gegründet – ganz in der Nähe errichteten 1118 die Grafen von Haigerloch-Hohenberg St. Marien-Zelle, aus dem das Augustiner-Chorherren-Stift St. Märgen hervorging.

### Mark Twain beim Kloster Allerheiligen

»Den ganzen Nachmittag waren wir bergauf gelaufen. Gegen fünf oder halb sechs erreichten wir den Gipfel, und plötzlich teilte sich der dichte Vorhang des Waldes, und wir blickten hinunter in eine tiefe, schöne Schlucht und hinaus auf ein weites Panorama bewaldeter Berge mit sonnenbeschienenen Kuppen und purpurn überschatteten, von Lichtung durchfurchten Hängen. Die Schlucht zu unseren Füßen – Allerheiligen – bot am oberen Ende ihrer grasbewachsenen Ebene Raum für eine behagliche, entzückende menschliche Bleibe, abgeschlossen von der Welt und ihren Misslichkeiten, und folglich hatten die Mönche in alter Zeit nicht verfehlt, sie auszukundschaften; hier standen die dunklen und reizvollen Ruinen ihrer Kirche und ihres Klosters, um zu beweisen, dass die Priester vor siebenhundert Jahren einen ebenso feinen Sinn dafür besaßen, in einem Lande die schönsten Winkel und Ecken aufzustöbern, wie noch heute.«

## Alpirsbach

Das Kloster Alpirsbach wurde 1095 als Stiftung von drei Adligen gegründet, die ersten Mönche kamen aus St. Blasien hierher. Herzog Ulrich von Württemberg erließ 1535 das »ius reformandi« – per Gesetz führte er in seinem Land die Reformation durch. Der Alpirsbacher Abt Ulrich Hamma wurde zum Verwalter des Klosters für den Herzog. Infolge des Schmalkaldischen Krieges wurde das Kloster Alpirsbach 1548 noch einmal für wenige Jahre katholisch. 1563 wurde in Alpirsbach der erste evangelische Abt eingesetzt.

## Herrenalb

Mitte des 12. Jahrhunderts stiftete Berthold von Eberstein das Zisterzienserkloster Herrenalb. Es gehörte zu den württembergischen Klöstern und wurde mit der Reformation aufgehoben.

## Sulzburg – jüdisches Zentrum

Das Kloster St. Cyriak in Sulzburg wurde 993 gegründet und mit der Reformation durch den badischen Markgrafen um 1550 aufgehoben.

Wenige Jahre zuvor, 1528, wurden erstmals Juden in Sulzburg genannt. In einem Schutzbrief der 1543/44 nach Sulzburg gekommenen Isayas und Jössli wurde den Juden dann erlaubt, in ihren Wohnungen »eines jeden Jahres auf den langen Tag (Versöhnungstag) eine Schul oder Synagoge aufzurichten und dazu einen Vorsinger oder Schulmeister zu halten, der sie, ihre Weiber, Kinder und Gesinde, nach ihrem Gebrauch und ihrer Gewohnheit lehre, samt des Vorsingers Weib und Kinder in ihren Behausungen bis zum Ausgang ihrer Schutzzeit«.

Markgraf Georg Friedrich vertrieb die Juden zu Beginn des 17. Jahrhunderts. 1716 waren wieder vier jüdische Familien in der Stadt. 1864 war ein Drittel der Sulzburger Bevölkerung jüdisch. Sulzburg war zu dieser Zeit ein jüdisches Zentrum in der Markgrafschaft. Gustav Weil (1808 bis 1889) stammt aus Sulzburg. 1861 wurde er als erster Jude Professor in Baden und an die Universität Heidelberg berufen, wo er orientalische Sprachen lehrte.

*Der Innenraum der Sulzburger Synagoge vor 1900 (oben), um 1920 (linke Seite)*

Bekannt wurde Weil durch seine Übersetzung von »Tausendundeiner Nacht«.

1822 wurde die Synagoge in der Mühlbachstraße (»Judengasse«) im spätbarocken-klassizistischen Stil gebaut. Architekt war Johann Ludwig Weinbrenner, ein Neffe Friedrich Weinbrenners. Bis 1887 hatte Sulzburg einen eigenen Rabbiner, danach gehörte es zum Rabbinat Freiburg. Am 10. November 1938 wurde die Synagoge schwer beschädigt, wurde jedoch wegen der angrenzenden Nachbarhäuser nicht angezündet.

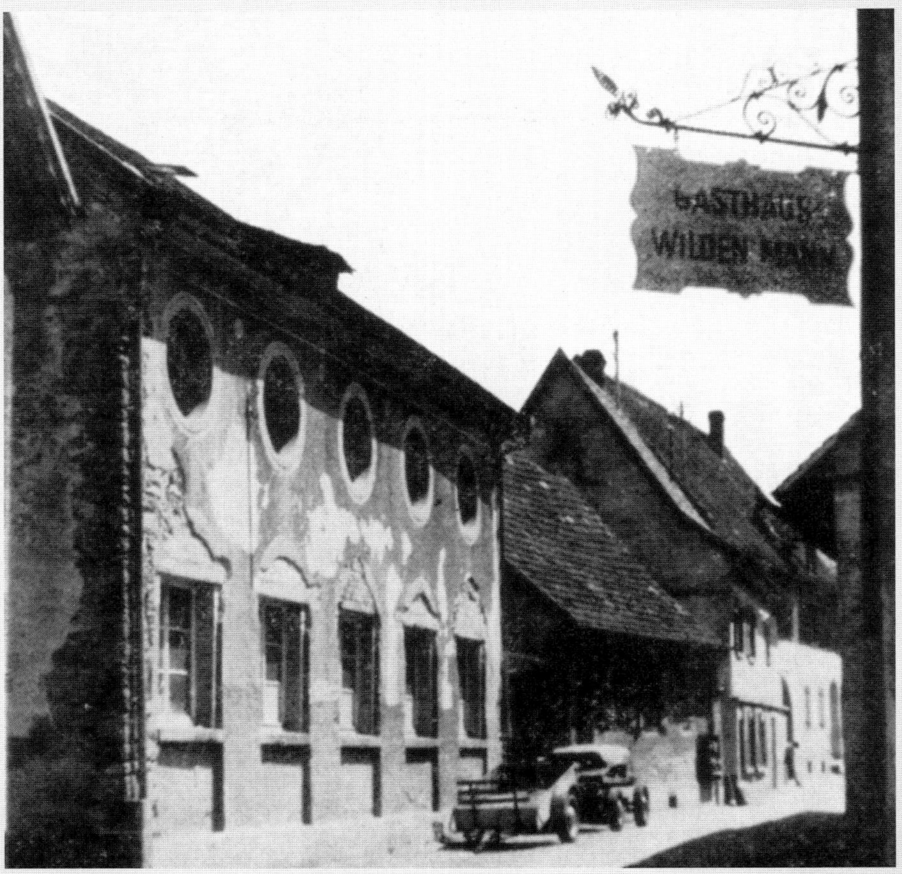

*Sulzburger Judengasse, später Mühlbachstraße, links die Synagoge, rechts die jüdische Gastwirtschaft »Zum wilden Mann«*

# Höfe

*Zu einem Schwarzwaldhof gehörte oft auch eine eigene Mühle.*

Das imposante Schwarzwaldhaus mit seinem tief herabgezogenen Dach, einzeln in der Landschaft stehend, ist nicht für den ganzen Schwarzwald typisch, sondern besonders für die Hochlagen des Mittleren Schwarzwalds zwischen Hornisgrinde und Feldberg. Es ist der klassische Einzelhof mit Ställen und Speichern, einem Brunnen, der auch ein Milchhäuschen kühlt, und einem Bach, der eine Mühle antreibt. Ein eigenes Backhaus und Bienenstöcke gehören ebenso zum Hof wie ein großer Gemüsegarten. Nicht selten auch noch ein Brennhäusle. Eventuell ein Libdig, das Leibgedinghäusle für die Altbauern. Und manchmal sogar eine eigene Kapelle.

Umgeben ist der Hof von den dazugehörenden Wiesen, Feldern und Wäldern – ein in sich geschlossenes, autarkes Wirtschaftssystem. Erste Voraussetzung für einen solchen Einzelhof ist die eigene Wasserversorgung. Vor allem an den zahlreichen Wasserläufen im kristallinen Gestein des Mittleren Schwarzwalds war es möglich, so abgelegen zu siedeln. Zuerst wurden die untersten Tallagen besiedelt, wo Meierhöfe

*Hinterwälder Herde auf Allmendweide, um 1960*

*Links: Ein »Original-Schwarzwaldbauer«*

*Rechte Seite: Das so genannte Hirschvieh war für die Bauern wichtig – ohne sie wäre der Landwirtschaftsbetrieb nicht möglich gewesen.*

und weilerartige Ortskerne entstanden. Erst später, so der Historiker Schaab, sind »ganze Täler ausfüllende Einzelhofketten« in den Höhenlagen dazugekommen. Sie waren »ohne grundherrschaftlichen Meierhof und ohne Dorfkern«.

Für den Norden und Osten des Schwarzwalds hingegen sind Weiler und Dörfer charakteristisch, im Südschwarzwald die so genannte Schwarmsiedlung, eine lockere Siedlungsform. Der Süden ist auch das Gebiet der Allmendwirtschaft – der gemeinschaftlichen Nutzung von Äckern, Wiesen und Wäldern. Besonders auf dem Hotzenwald waren Genossenschaften üblich.

Die Hofbauern des Mittleren Schwarzwalds waren in ihrer Wirtschaftsweise zwar völlig selbständig, was jedoch nicht hieß, dass sie auch ihrem Status nach frei waren. »Eigenleute« waren die Ausnahme. Zu den Klostergrundherrschaften gehörende Bauern galten als »Gotteshausleute«. Gegenüber den Leibeigenen der adligen Herrscher waren sie privilegiert: »Wenn der Gotteshausmann seinen Wagen mit all seinem Hausrat beladen hatte«, so Schaab, »konnte ihn der Klostervogt nur am Wegfahren hindern, wenn es ihm gelang, mit einer Hand oder gar einem Finger an der Langwied den Wagen festzuhalten.«

Erhalten werden konnten die großen Hofgüter nur durch Unteilbarkeit. So galt zum Beispiel im Kinzigtal das Anerbenrecht – der jüngste Sohn, »Hofengel« genannt, oder die älteste unversorgte Tochter erbten den Hof. Die anderen Geschwister mussten sich als Taglöhner verdingen.

## Schwarzwaldhaus von Mark Twain beschrieben

»Das Haus war groß genug für ein Hotel; es war hundert Fuß lang, fünfzig breit und vom Boden bis zur Dachrinne zehn Fuß hoch; aber von der Dachrinne bis zum First waren es mindestens vierzig Fuß, vielleicht sogar mehr. Dieses Dach bestand aus einer alten, lehmfarbigen, ein Fuß dicken Strohschicht und war, ausgenommen ein paar unbedeutende Stellen, über und über mit üppig wucherndem grünem Pflanzenwuchs, hauptsächlich Moos, bedeckt. Die moosfreien Flecken waren Stellen, wo man durch Einfügen neuer, heller Lagen von gelbem Stroh das Dach ausgebessert hatte. Die Traufen reichten weit herab wie schutzbietende, einladende Fittiche. Quer über die Giebelwand, die auf die Straße blickte, zog sich etwa zehn Fuß hoch über dem Boden ein schmaler Balkon mit hölzernem Geländer hin; eine Reihe kleiner Fenster mit sehr kleinen Scheiben sah auf den Balkon hinaus. Darüber befanden sich zwei oder drei weitere kleine Fenster, eines ganz oben unter dem spitzen Dachfirst. Vor der Tür im Erdgeschoss lag ein gewaltiger Misthaufen. Die Tür eines Zimmers im ersten Stock an der Längsseite des Hauses stand offen und wurde vom Hinterteil einer Kuh eingenommen. War das etwa das Gesellschaftszimmer?

Die ganze vordere Hälfte des Hauses schien von unten bis oben mit Menschen, Kühen und Hühnern angefüllt zu sein, und die ganze hintere Hälfte mit Zugvieh und Heu. Aber das charakteristische Merkmal dieses ganzen Hauses bildeten die großen Misthaufen, die draußen herumlagen.

Im Schwarzwald wurden wir mit diesem Düngemittel sehr vertraut. Unbewusst gewöhnten wir uns an, die gesellschaftliche Stellung eines Mannes nach diesem ins Auge fallenden, aufschlussreichen Kennzeichen zu beurteilen.«

*Hirzbauernhof bei St. Georgen*

*In der Rauchküche des Schwarzwaldhauses wurden auch die Schinken und Würste geräuchert.*

*Schönwald 1952: In diesem Winter lag der Schnee besonders hoch.*

Wie auch in anderen Berg- und manchen Küstenregionen, wo die Witterung rau ist, wurde im Schwarzwald bei den einzeln stehenden Höfen das so genannte Einhaus favorisiert. Es vereint Wohn- und Wirtschaftsteile, Mensch und Vieh unter einem Dach. In den langen, strengen Wintern und dem reichlichen Schneefall vor allem in den Hochlagen erleichterte dies die Arbeit sehr.

Das so genannte Heidenhaus ist der ursprünglichste und älteste Haustyp der Schwarzwaldhöfe. Es war selbstverständlich aus Holz gezimmert. 250 Stämme sollen für ein stattliches Haus durchschnittlich gebraucht worden sein. Die Rauchküche des Heidenhauses reichte durch beide Geschosse bis zum Dach. Einen Schornstein hatten solche Häuser nicht. Ein mit Lehm abgedichteter Rauchfang, »Hurd« genannt, leitete den erkalteten Rauch ins Dachgeschoss, wo er Rauchfleisch und Würste konservierte.

Gekocht wurde an einem steinernen Herd, von wo aus auch der Kachelofen der Wohnstube beheizt wurde. Be-

## Fettnäpfchen

Nicht ins Fettnäpfchen treten, das war in den Schwarzwaldhäusern wörtlich zu nehmen. Von den Schinken und Würsten, die über dem Küchenherd geräuchert wurden, tropfte das Fett – etwas sehr Wertvolles, das in jeweils platzierten Näpfchen auf dem Küchenboden aufgefangen wurde. Wie auch die anderen Räume des Hofes war die Küche sehr dunkel, hinzu kam noch der Rauch. Man musste also ständig aufpassen, dass man nicht in die Fettnäpfchen trat.

sonders begehrt waren die Plätze auf der »Kunscht«, treppenartig angeordnete Bänke, die den Kachelofen umgaben – im Hotzenwald die »Chauscht«. An einem Stängle, das den Kachelofen oben umlief, trocknete man seine Wäsche. Über eine Ecke der Wohnstube lief ein Fensterband. Hier stand der Tisch. Eine Bank umlief die ganze Stube.

Über der Wohnstube befand sich die Schlafkammer der Bauersleute mit der »himmlischen Bettlad« – ein Schutz vor Dreck und Staub, die aus den über den Kammern liegenden Heu- und Fruchtböden durch die nur lose verlegten Bretter herunterrieseln konnten. Die Kammern der Knechte und Mägde waren über dem Stall, von dem ebenfalls etwas Wärme aufstieg.

Typisch für die Höfe in Hanglagen ist die »Ifahrt«, eine bergseitige Hocheinfahrt in die Scheune. So konnte man mit den voll beladenen Erntewagen direkt ins Dachgeschoss des Hofes fahren und abladen. Das Heu wurde in die darunter liegenden Heustöcke geworfen. Von dort kam es dann über Schächte zum Verfüttern in den Stall.

*Sehr kräftige Pferde wurden gehalten, um schwere Lasten über die teils steilen Berge zu transportieren.*

*Auch die Mühlen im Schwarzwald waren früher mit Stroh eingedeckt.*

## Wie man ein Strohdach eindeckte

*(Laut Gutjahr, der von Herbert Jüttemann zitiert wird)*

»Zuerst nagelt man auf die Dachsparren im Abstand von ca. 35 cm Dachlatten auf. Hierauf werden von der Traufe nach dem First die Schaubstrohbüschel in einer Stärke von ca. 30 cm ausgelegt und gleichmäßig nach oben gekämmt und mit vorgerichteten, ca. 3 m langen und 1,5 bis 2 cm starken Haselnussgerten mittels verzinkten Drahtes an die Latten festgebunden. Zuletzt liegen immer ca. drei bis vier Lagen Stroh übereinander. Diese Dächer sind absolut dicht und so haltbar wie ein Ziegeldach, wenn das Stroh gut ausgedroschen ist, so dass die Mäuse kein Interesse an den Ähren haben, welche aufrecht in den Dachraum ragen.«

»Im frühen Schwarzwaldhaus gab es keinen Schornstein. Das änderte sich erst mit einer Verordnung, die den nachträglichen Einbau verlangte. Prompt brannten die Höfe reihenweise ab. Der gebündelte Funkenflug zog ungehindert über das Dach, regnete herunter und fand in der Stroh- und Schindeldeckung reichliche Nahrung [...] so kam es, dass die Häuser binnen weniger Jahrzehnte ihres schönsten Schmucks beraubt wurden«, so der Autor Michael Bauer.

Die folgende von den Feuerversicherungen durchgesetzte Eindeckung mit Schiefer und Ziegeln hat, laut Bauer, dem Raumklima, aber vor allem der Statik der alten Höfe erheblich geschadet, deren Hochsäulen nicht für die enorme Last konstruiert waren. Zudem habe man außer Acht gelassen, dass Stroh im Gegensatz zu den teuren Ziegeln nichts kostet und wegen seiner isolierenden Eigenschaft die Wärme im Haus hält. Auch die Schindeln, die man in den für Korn zu rauen Hochlagen schnefelte, hatten diese wärmespeichernde Eigenschaft.

*Diese Männer ziehen ihr schweres Arbeitsgerät über den abschüssigen Acker nach oben.*

*Die Höfe lagen oft sehr einsam …*

Aus der alten Hausform entwickelten sich je nach Landstrich verschiedene weitere Haustypen des Schwarzwalds: so das Kinzigtäler Haus, das Gutacher Haus, das Schauinslandhaus und das Hotzenhaus.

Das Kinzigtäler Haus ist ein prächtiger Haustyp, der Wohlstand anzeigt. Diese Art von Haus wurde auf den fruchtbarsten Lagen des Schwarzwalds gebaut. Den Bauern im breiten Kinzigtal war es möglich, ihr Holz und Harz, ihr Vieh und ihren Schnaps bis ins Elsass hinein zu verkaufen. Zwischen Stubendecke und Schlafkammern ist beim Kinzigtäler Haus ein Zwischenstock eingezogen, die so genannte Nussbühne zum Aufbewahren unter anderem eben von Nüssen.

Das Kennzeichen des Gutacher Hauses geht auf eine fürstlich-württembergische Bauordnung von 1568 zurück, die wegen der Feuersicherheit vor allem eine mit Stein ummauerte Küche vorschrieb. So rückte die Küche in die Mitte der Giebelseite. Das Besondere des Schauinslandhauses ist, dass es in Steillagen immer quer zum Hang steht. Aus einer Einfahrt in den Dachboden wurden so oft drei. Das Hotzenhaus kam zuletzt. Es ist geprägt von Armut. Groß waren Kachelofen und Chauscht, um die sich oft mehrere Familien, die sich ein Haus teilten, versammelten. Typisch war die »Budik«, in der ein Webstuhl stand. Oft wurde auch in den Wohnstuben oder in einer Stallhälfte gewoben.

**Mark Twain**

»Wenn man einmal anfängt, an einer solchen Stelle hinunterzurollen, gibt es kein Halten, bis man den Grund erreicht hat. Man stelle sich bloß vor, dass Leute auf einer Schräge Landwirtschaft betreiben, die so steil ist, dass man im günstigsten Fall davon sagen kann – wenn man peinlich genau sein will –, sie ist ein bisschen steiler als eine Stehleiter und nicht ganz so steil wie ein Mansardendach. Aber sie tun es wirklich.«

*... weite Wege zu Fuß waren für Klein und Groß ganz selbstverständlich.*

Die Freibauern auf dem Hotzenwald kamen aus dem Altsiedelland zwischen der Schwäbischen Alb und dem Hochrhein. Leibeigenschaftsabgaben mussten sie nicht leisten, lediglich verschiedene Dienste. Dennoch waren diese Freibauern meist verarmt und sehr viel schlechter dran als die Gotteshausleute auf ihren stattlichen Höfen.

Allzu romantisch jedenfalls braucht man sich das Leben auf diesen Höfen wohl kaum vorstellen. In ihrem Inneren war es in den meisten Räumen im Winter kalt und sehr oder sogar ganz dunkel. Bevor es Kerzen gab, warfen Kienspäne ihr schwaches Licht in die Kammern.

Von den Küchen aus wurden das Fleisch und die Würste geräuchert – dass der offene Rauch eine erhebliche Gefahr für die Gesundheit der Frauen war, wurde nicht berücksichtigt.

Bei Geburten oder Krankheiten war es oft weit bis zum nächsten Arzt – eine schnelle Hilfe also häufig gar nicht möglich.

Die Kinder mussten oft enorme Strecken – und nicht selten barfuß – zurücklegen, um die Schule zu besuchen.

## Mühlen

Zu einem alten Schwarzwaldhof gehört ein mächtiges Mühlrad. Entweder lief es auf einer Seite des Haupthauses. Dazu musste allerdings auch ein Bach direkt am Haus vorbeiführen. Oder, was häufiger der Fall war, es gab einen separaten Mühlenbau auf dem Hofareal. War darin auch noch Wohnraum für einen Knecht, nannte man dies eine Hausmann-Mühle.

Zunächst waren es im Schwarzwald die Klöster, die Mühlen betrieben. Benediktinerklöster – und das waren die meisten im Schwarzwald – müssen laut ihrer Ordensregel eine abgeschlossene Wirtschaftseinheit bilden. Mühlen gehörten somit dazu.

Später waren Mühlen wichtige Einnahmequellen der Grundherren. Selbstverständlich wollten sie das Privileg der Müllerei nicht aufgeben und versuchten zu verhindern, dass die Bauern ihre eigenen Mühlen bauten. Der Druck von Seiten der im Schwarzwald verbreiteten Einhöfe war jedoch stark. In vielen Fällen konnte man es den Bauern einfach nicht abverlangen, mit ihrem Korn die beschwerlichen Reisen bis zur Mühle des Grundherrn anzutreten. Bereits im Jahr 1350 zählte man in Todtnau für 22 verstreute Höfe auch 22 Mühlen.

Herbert Jüttemann schreibt in seinem Buch über Schwarzwaldmühlen dazu: »Mit dem um das Jahr 1600 zunehmenden Getreideanbau verstärkte sich der Wunsch der Bauern, eine eigene Mühle zu besitzen und immer mehr Bauern ließen den Mühlenbann unbeachtet. Um das Jahr 1620 setzte daher in weiten Teilen des

*In steilem Gelände sind die Mühlen oberschlächtig konstruiert.*

Schwarzwalds der Bau von Hausmühlen ein. Heinemann zählt in seiner ›Geschichte der Stadt St. Georgen‹ in den Jahren um 1625 allein acht Gesuche von Bauern auf, die um Genehmigung zur Errichtung einer Hausmühle baten. 1627 beschwerte sich der Klostermüller dieser Stadt über die vielen Bewilligungen von Hausmühlen, und dass die Bauern nicht nur für sich, sondern auch für die in die Bannmühle gehörenden Kunden mahlten.

Insbesondere finden sich die Hausmühlen in den Gebieten mit der Rechtsform der geschlossenen Hofgüter. In weiten Bereichen hatte hier jeder Bauer eine eigene Hausmühle mit einem Beutelsichter. Um das Jahr 1800 war der Mühlenbann bedeutungslos geworden, niemand erinnerte sich mehr daran. Im Jahre 1848 wurde er auch gesetzlich aufgehoben.«

Zum Schutz vor der Witterung wurden die Mühlräder teilweise mit so genannten Radstuben umbaut. Schnee fiel so zwar keiner auf das Rad, aber Eis bildete sich dennoch. Dies abzuschlagen war im Freien wiederum wesentlich einfacher als in der engen Radstube. Im Sommer war es ein Vorteil, wenn das Mühlrad vor der Sonne geschützt wurde. Trocknete das hölzerne Rad bei Stillstand an seinem über dem Wasser liegenden Teil aus, verschob sich der Schwerpunkt.

Je nach Bach und Gelände sind die Mühlen ober- oder unterschlächtig. An wasserreichen Flüssen in den Tälern können die Mühlen unterschlächtig betrieben werden. Das Wasser fließt dabei unter dem Rad durch und treibt dessen Schaufeln an. Ist das Gelände jedoch steil, was im Schwarzwald oft der Fall ist, muss die Mühle oberschlächtig konstruiert sein. Statt Schaufeln bilden Zellen den Rand des Mühlrads. Mit Hilfe des Kähners, einer hölzernen Zuleitung, führt man das Wasser von oben zum Rad. Von hier aus fällt es in die Zellen, was die Drehbewegung des Rads auslöst.

Führte der Bach nur wenig Wasser, staute man es in so genannten Spannteichen. Mit dieser Technik konnten auch Sägemühlen in abgelegenen und unwegsamen Gegenden gebaut werden, aus denen das Stammholz nur schlecht oder gar nicht abzutransportieren war. Den Schwarzwäldern gelang aber auch noch etwas anderes. Sie nutzten die Kraftübertragung ihrer Mühlen zum Antrieb von Dresch- und Futterschneidmaschinen, für die somit also weder Elektrizität noch sonstige Kraftstoffe nötig waren. Überdies benutzten sie die Seilwinden als eine Art Lift, um schwere Lasten über steiles Gelände hochzuziehen. 1906 entstand so im Schwarzwald der erste Skilift der Welt.

# Waldberufe

## Überlebenskampf und Spezialisierung

Bis auf die kleinen Rodungsflächen, die allen voran durch die Klöster in den Wald geschlagen wurden, war der Schwarzwald bis zu seiner Besiedlung ab dem 11. Jahrhundert ein geschlossener Urwald. Jäger, die sich auf der Suche nach Rot- oder Schwarzwild in den Schwarzwald begaben, und Sammler, die Beeren, Pilze und Honig aus dem Wald holten, unternahmen lediglich Streifzüge durch den dicht bewachsenen und steilen, steinigen Wald.

*Ein vom Existenzkampf im Schwarzwald geprägtes Gesicht*

Lediglich um Eisen zu gewinnen, siedelte man auch schon vorher ganz vereinzelt im Schwarzwald. Kelten wagten sich um 500 vor Christus ins enge Tal der Enz vor und bauten in der Gegend von Neuenbürg ihre Öfen zum Verhütten von Eisen.

Im Boden des Schwarzwalds fand man später außer Eisen auch Blei, Kupfer, Silber, Wismut, Fluss- und Schwerspat. Spätestens ab dem 13. Jahrhundert entstanden auch im Inneren des Schwarzwalds Metallverhüttungswerke und die dazugehörenden Siedlungen. Das gerodete Land um die Siedlungen der Bergleute und Glasmacher versuchte man landwirtschaftlich zu nutzen. Doch Buntsandsteinböden in Höhenlagen sind dafür wenig geeignet. Lesesteinriegel, Wassergräben und Mauerreste verweisen auf wieder aufgegebene Siedlungen, die man Wüstungen nennt.

Wie konnte man im Schwarzwald überleben, bevor es hier Wiesen und Felder gab? Ganz spezielle Waldberufe, die den Holz- und Wasserreichtum des Schwarzwalds nutzten, hat man hier betrieben und entwickelt.

## Waldglas

Zu den ersten Waldgewerben im Schwarzwald gehörten die Glashütten. Auch in entlegenen Waldgebieten, wo es keine Möglichkeit gab, das Holz abzutransportieren, konnte man Glashütten errichten und so das Holz vor Ort nutzen. Nötig waren quarzhaltige Böden, die im ganzen Schwarzwald vorkommen. Die Waldbesitzer, Adel und Klerus, schickten Glasmacher in solche Gebiete.

So entstand beispielsweise der Ort »Glasehusen« am Omersbach, der 1190 erstmals schriftlich erwähnt wird. Auch zahlreiche andere Flurnamen wie »Glaswald«, »Glashäuser Wald«, »Glaserhang«, »Glaserweg« und »Glashütte« erzählen von den einstigen Waldglashütten ebenso wie Bruchstücke der Schmelzhäfen und selten auch Glasreste. Nachweise für Glashütten gibt es zum Beispiel nahe Besenfeld, im Weiler Wald, im Oberen Murgtal und bei Alpirsbach. Bedeutende Glashütten waren in Gaggenau, Buhlbach und Schönmünzach. Die zu St. Blasien gehörende Glashütte wurde im 16. Jahrhundert gegründet. Auch Rotwasserdorf, das spätere Altglashütten, war ein ausgesprochenes Glasmacherdorf. Als das Holz dort verbraucht war, gründete man etwas weiter einfach Neuglashütten und später Herzogenweiler. Knobelswald, später Glashütte bei St. Märgen, und Bubenbach waren ebenfalls Orte der Glasgewinnung.

Dass es die Waldbesitzer ganz und gar nicht reute, wie viel Holz ihre Glashütten verbrauchten, sondern sie froh darüber waren, zeigt eine Notiz, die Dorothee Philipp zitiert: »1627 überlegte eine landgräflich-fürstenbergische Untersuchungskommission, wie der Wald um den Feldberg ›aufs beste auszureuthen wäre‹ und kam zu dem Schluss, dass man am zweckmäßigsten ›ein Glashütten hinbauen thäte‹, denn ›dadurch würden die Wälder eröffnet [...]‹.«

Glas aus dem Schwarzwald, das Waldglas, war üblicherweise grün. Ein Kaliglas, das man aus Quarzsand, Asche und Kalk gewinnt. Grüne, mit Noppen verzierte Trinkgläser und grünes Fensterglas zählten zu den Standards. Offenbar wurde im Schwarzwald aber auch rotes Glas hergestellt. Der Glasmacher Israel Oechsle, Vater des Most-Waagen-Erfinders Christian Ferdinand Oechsle, hatte seine Werkstatt in Buhlbach bei Baiersbronn. Von Israel Oechsle wird berichtet, er habe die in Vergessenheit geratene Herstellung von rotem Kupferrubinglas wiederentdeckt.

Glasträger schleppten das Wälderglas auf ihren Holzkrätzen auf die Märkte Europas.

## Köhlerei

Glas- wie Metallhütten hatten einen enormen Bedarf an Brennmaterial – neben Holz war besonders Holzkohle gefragt. In der Nähe der Verhüttungsanlagen bauten die Köhler ihre Meiler auf. Gleich lang zugesägte Hölzer stapelte man möglichst dicht im Rund aneinander – die Mitte, auch Quandel genannt, musste als Kamin offen bleiben. Zuletzt bekam der Holzstapel ein dichtes Rauhdach aus Erde, Reisig und Grasnarben. Das fertige Gebilde hatte mehrere Meter Durchmesser. Aus dem 18. Jahrhundert wird von zehn bis fünfzehn Metern breiten Meilern berichtet, die mehr als 150 Raummeter umfasst hätten.

Durch langsames Verbrennen des Holzes, Verschwelen genannt, entsteht die Holzkohle. Drei bis vier Wochen dauert es, bis das Holz im Meiler verkohlt ist. Der Köhler muss seinen Meiler ständig beobachten, die Glut verteilen und nachschüren. Über Luftlöcher kann er das Feuer regulieren, das auf keinen Fall zu groß werden darf. Zum einen darf der Meiler selbst nicht abbrennen. Zum anderen steht er immerhin mitten im Wald!

In den Wäldern beim Christophstal, den Hochflächen Finkenberg, Hirschkopf und Steinwald, so der Freudenstädter Historiker Rolf Kneißler, finde man »alle zwei- bis dreihundert Meter eine Kohlplatte, insgesamt über 500«. Nirgendwo jedoch Spuren von Gebäuden. Kneißler erklärt: »Die Köhler hausten mit ihren Familien in einfachen Holzhütten, die man wieder leicht abbauen konnte.« Anders im Oberen Murgtal, wo am Waldrand kleine Köhlersiedlungen entstanden sind.

*Seite 56/57:*
*Ein Köhler baut seinen Meiler auf – gleich lange Hölzer stellt er um die Mitte, die später zum Kamin, Quandel genannt, wird.*

*Linke Seite:*
*Die Meiler konnten zehn bis fünfzehn Meter breit sein und bis zu 150 Raummeter fassen.*

*Unten:*
*Mit einem Rauhdach aus Erde, Reisig und Grasnarben wird der Meiler abgedichtet.*

*Seite 60/61:*
*Drei bis vier Wochen brauchte so ein Meiler zum Verschwelen – er musste dabei ständig beobachtet werden. Erst dann war die Holzkohle fertig.*

# Flößerei

Zu den wichtigsten Waldgewerben zählte die Flößerei, mit der es den Waldbesitzern möglich war, ihr Holz außerhalb des Schwarzwalds zu verkaufen. Nur auf den Wasserwegen konnten die riesigen Baumstämme aus dem Gebirgswald heraus und zu den Handelsplätzen an Neckar und Rhein geschafft werden. Am schwierigsten und gefährlichsten waren die Flüsse und Bäche im Gebirge selbst. Zunächst schleppte man die geschlagenen Stämme mit kräftigen Rückepferden zu den Sammelstellen – ans Ufer eines flößbaren Wasserlaufs, zu einem befahrbaren Weg oder zu einer »Riese«. Eine solche baute man, wenn das Gelände zu abschüssig war. Über in den Hang gegrabene oder auch aus Holz gezimmerte Rutschrinnen ließ man dann die Stämme ins Tal gleiten.

Auf dem Wasser selbst gab es zwei Arten, das Holz zu transportieren. Warf man es einfach ins Wasser, sprach man von Trift oder Wildflößerei. Kleinere Stämme, Stammstücke und Scheiterholz fanden so allein den Weg zu den Auffangplätzen. Insbesondere Brennholz hat man so den Bach und Fluss hinuntergeschickt. Vor allem Großverbraucher wie Eisenwerke in Gaggenau, Rothenfels, Christophstal und Friedrichstal wurden so mit Holz beliefert, ebenso auch Glashütten wie in Gaggenau, Buhlbach oder Schönmünzach. Mächtige Baumstämme jedoch oder auch lange Balken und Bretter konnte man den Wasserläufen nicht einfach so anvertrauen. Schon an der nächsten Bachbiegung oder dem nächsten Felsen hätten sich die langen Hölzer möglicherweise festgehakt. Man musste sie flößen.

Zunächst band man die einzelnen Stämme mit »Wieden« zu »Gestören« zusammen. Wieden stellte man aus kleinen Fichten-, Tannen- oder auch Haselstämmchen her. Die weichte man erst in Wasser ein, erhitzte sie dann im Wiedeofen und konnte sie dann um einen Stock drehen und in die gewünschte Form bringen. Die fertigen Wieden führte man durch in die Stämme gebohrte Löcher oder Ösen. Mehrere so verbundene Gestöre hintereinander ergaben dann ein Floß.

Viele der Wasserläufe im Wald waren natürlicherweise weder für die Trift noch fürs Flößen zu benutzen. Kam einem das Hochwasser der Schneeschmelze oder nach Regengüssen nicht zu Hilfe, arbeitete man mit Wehren und Weihern. Mit den durch diese »Schwäller« künstlich erzeugten Flutwellen beförderte man das Holz flussabwärts. Beim Knöpflesbrunnen an der Dürren Kinzig beispielsweise fand man eine Schwallung von 1652. Die Stauweiher, in denen das Wasser »gespannt« wurde, bezeichnete man als Floßstuben. In ihnen band man auch die Gestöre ein.

*Wieden brauchte man, um die Flöße zusammenzubinden.*

*Man drehte die Wieden aus kleinen Fichten-, Tannen- oder Haselstämmchen.*

*Hohe Flößerstiefel schützen vor dem Wasser.*

*Flößer stellen die Floßtafeln oder Gestöre zusammen.*

*Die Wieden zog man durch Ösen und verband so die einzelnen Stämme miteinander.*

Die Männer, die es fertig brachten, die aneinander gebundenen Baumstämme über die Staustufen hinab, an Flussbiegungen vorbei und über den felsigen Untergrund der Wasserläufe zu »flaizen«, mussten über enorm viel Kraft und Geschick verfügen. Nicht umsonst erhielten die Flößer von den Waldbesitzern einen überdurchschnittlichen Lohn – dieser Beruf war lebensgefährlich. Wochen und Monate waren die Flößer unterwegs. Sie brachten das Holz zu den Stapelplätzen an Neckar und Rhein und bis hinauf nach Köln und sogar Holland. Auf die Gestöre hatten sie noch die »Oblast« geladen, wie frisch gesägte Bretter und andere Produkte der Waldgewerbe. Der Proviant der Männer war im »Hinterezfür-Sack«, der mitgeführte Wein im »Logel«.

Wie wichtig die Flößerei beispielsweise für Gernsbach war, bezeugt das älteste Siegel der Stadt – zwei Floßhaken unter der ebensteinschen Rose. Wohin das Holz kam, belegen alte Urkunden. Die Städte Bingen, Mainz, Worms, Speyer und Oppenheim beklagten sich Mitte des 14. Jahrhunderts über den markgräflichen Zoll auf der Murg. Ein »Merckel Gremp van Gernsbach, ffloitzer« stellte 1444 der Stadt Köln eine Rechnung für Bauholz aus.

Ende des 17. Jahrhunderts stieg Holland zur Welthandelsmacht auf – mit einem immensen Bedarf an Holz für den Schiffsbau. Einer der Sammelpunkte für die Flöße war Mannheim, wo dann das größere Rheinfloß zusammengebunden wurde. Weiter rheinabwärts, bei Koblenz oder Andernach, wurde das Kapitalfloß zusammengefügt. »Aus zahlreichen kleinen Flößen, die auf den Flüßchen des Schwarzwalds in ihrer Größe immer begrenzt waren, wurden die bis zu 400 Meter langen, 80 Meter breiten und 5 Meter mächtigen Rheinflöße zusammengesetzt, die nach Holland geschifft wurden. ›Holländer‹ hießen auch die im Schiffbau begehrten besonders großen Nadelholzstämme mit mindestens 40 Zentimeter Durchmesser am schwachen Ende und 18–20 Meter Länge«, berichten Oeschger und Weeger.

Zurück kamen die Flößer mit Pferden. Oft nahmen sie eine abgeschlagene Kutsche auf ihrem Floß als Oblast mit. Am Zielort angekommen und wenn das Holz verkauft war, kauften sie sich ein paar Pferde, die sie im Schwarzwald nicht selten auch noch gewinnbringend wieder verkaufen konnten.

Mit dem Bau der Eisenbahnen im Schwarzwald verloren Trift und Flößerei an Bedeutung. Hinzu kamen Streitigkeiten mit der an den Ufern der Schwarzwaldflüsse angesiedelten Industrie, deren Interesse an der Nutzung der Wasserkraft mit der Flößerei kollidierte.

# Kleine Waldgewerbe

Es gab noch eine ganze Reihe kleinerer Waldgewerbe, die aus Harz, Kienholz genanntem harzigen Holz, harzreichem Reisig und harzhaltigen Zapfen die verschiedensten Produkte wie Pech, Schmieren und Farben herstellten. Dazu baute man gemauerte Öfen in den Wald – je nach Funktion sprach man von Rußhütten, Salb-, Pech-, Teer- oder Schmieröfen sowie Harzereien. In den Rußhütten verschwelte der Rußbrenner das Kienholz und die anderen Grundstoffe. Der stark rußige Rauch schlug sich im Rauchfang nieder. Der Feinruß, der am besten bezahlt wurde, verfing sich in über den Giebel gelegten Tüchern. Nach dem Verschwelen kehrte und schüttelte man den Ruß aus Fang und Tüchern und füllte ihn in dichte Fässer. Aus Kienruß wurde je nach Feinheitsgrad schwarze Ölfarbe, Stiefelschmiere, Ofenschwärze, Druckerschwärze und Tusche hergestellt.

Holzteer, Holzessig, Kienöl und Pech wurden ebenfalls durch Verschwelen oder trockene Destillation vor allem aus dem sehr harzreichen Wurzel- oder Stockholz älterer Kiefern gewonnen. Während des Schwelbrands sammelten sich die Holzdestillate im Bodentrichter des Ofens. Flossen sie dort in ein versenktes Gefäß, erhielt man ein Gemisch, aus dem man zum Beispiel Karrensalbe oder Wagenschmiere herstellte.

Nur wenn man die Holzdestillate über eine Rinne nach außen leitete, konnte man sie voneinander trennen. »Als erstes Produkt zeigte sich nach mehrstündigem Schwelen eine braunrote, säuerliche Flüssigkeit, das ›Teerwasser‹, auch Teergalle oder Holzessig, dem im weiteren Verlauf Holzteer mit Kienöl (Harzöl) und zuletzt eine Art zähflüssiges Pech folgten«, wie Oswald Schoch im Sammelband »Der Nordschwarzwald« beschreibt. Das Teerwasser zum Beispiel brauchten die Gerber zum Schwellen der Häute.

»Zu den ärmsten und zu den angefeindetsten« Waldbewohnern zählten laut Oeschger und Weeger die Harzer. Mit einem Dexel schnitten sie Lachten in die Baumstämme und fingen das aus diesen Wunden hervortretende Harz in Glasgefäßen auf. Die Beschädigungen der Bäume waren erheblich. Vor Ort wurde das Harz in Harzsiedereien von den Grieben getrennt, die wiederum zu Kienruß verbrannt wurden. Harz besteht zum Großteil aus festem Kolophonium und Terpentinöl und war Grundstoff unter anderem für Lacke und Leime, Waschmittel, Linoleum, Schiffs- und Schusterpech, Dachpappe, Fackeln und Pflaster.

Mit der zunehmenden Besiedlung entwickelte man im Schwarzwald eine ganze Reihe von Fertigkeiten, wie man aus dem Rohstoff Holz nützliche Dinge herstellen konnte – entweder für den eigenen Bedarf der Höfe und Orte oder für den Verkauf außerhalb des Waldes. Oft wurde dieses Handwerk von den Bauern selbst ausgeübt. In den langen Wintern wurde auf den Höfen und in den Werkstätten geschnefelt und geschnitzt, geflochten und gewoben. Zu den wichtigsten Tätigkeiten gehörte das Schindelmachen. Und eines der wichtigsten Geräte des Holz verarbeitenden Handwerks war der »Schnidesel« – ein Sitzplatz mit einer über einen Fußhebel zu bedienenden Klemmvorrichtung.

Zum Decken der Dächer oder um die Außenwände der Häuser zu isolieren brauchte man Schindeln. Aus Tannen-Scheiten löste man mit Spaltmesser und Holzschlegel die Rohschindeln. Auf dem Schnidesel schnefelte man sie mit dem

*Maria Wisser, die letzte Strohflechterin Schonachs*

*Rechte Seite: In Triberg und Umgebung gehörten Strohzylinder zur Tracht der Frauen.*

Adler-Droge

Ziehmesser vollends zurecht und glättete sie. Weitere Schnefelwaren sind zum Beispiel Löffel und Schöpfkellen, Gabeln und Rechen, Kübel und Spanschachteln.

Bekannt waren auch die Bürsten aus dem Schwarzwald, auf deren Herstellung man sich in Todtnau und in der Gegend des Wiesentals spezialisiert hat. Die Arbeit wurde aufgeteilt in das Hölzlemachen und das Verbinden und Einsetzen der Borsten. Haare von Schweinen, Ziegen und Pferden wurden gebündelt, hälftig zusammengebogen, mit einem Stück Draht umwickelt und in die Löcher der Bürstenhölzer eingezogen. Mit passend zugeschnittenen Abdeckungen wurde die Rückseite verschlossen. Die Borsten schor man auf gleiche Länge.

Wo Getreide angebaut wurde im Schwarzwald, waren nicht nur die Dächer mit Stroh gedeckt, sondern man flocht aus Stroh auch Schuhe, Hüte und Taschen. Besonders in der vorderösterreichischen Herrschaft Triberg entstand ein Zentrum des Flechthandwerks, das allerdings nicht unumstritten war. Schnitt man die Halme vor der Fruchtreife, stieg laut Oeschger und Weeger die Qualität des Strohs. »Das Schneiden des noch grünen Korns stieß auf heftige Ablehnung. Die vermeintliche Vergeudung von Brotgetreide verletzte bäuerlich-religiöse Wertvorstellungen.«

Um Schönwald, so Oeschger und Weeger, erwirtschafteten die Strohflechterei und Strohhut-Herstellung 1809 ebenso viel Gewinn wie die Uhrenfabrikation. Geflochten haben fast ausschließlich Frauen und Kinder.

Zu den aus Stroh geflochtenen Gegenständen gehörten auch die Finken, wie man die Hausschuhe aus Stroh nannte. Besonders im Elztal und in Schönwald hat man sich darauf verstanden. Frauen flochten das Roggenstroh zu langen Zöpfen. Die wurden dann vom Schuhmacher über einen Leisten gezogen und auf Tuchreste aufgenäht, des Weiteren mit Kappen und Sohlen, ebenfalls aus Stoffresten, Leder oder auch Fahrradreifen, versehen.

## Uhren

Wie kommt der Kuckuck in die Uhr? Das weiß man im Schwarzwald auch nicht so genau – aber ungefähr kann man die Geschichte der Schwarzwälder Kuckucksuhr schon zurückverfolgen. Ein Glasträger soll es gewesen sein, der um 1640 auf seinem Rückweg in den Schwarzwald eine Uhr – allerdings noch ohne Kuckuck – mit nach Hause gebracht haben soll.

In St. Märgen vermutet man, dass es ein Träger von der »Glashütte Knobelswald« gewesen ist, der auswärts eine mechanische Eisenuhr erworben hat. Fest

*Uhrenmacher beim Schnitzen des so genannten Eichenlaubs*

*Häuslemacher werden die Uhrenmacher genannt, die sich auf das Modell der Bahnwärterhäusle-Uhr spezialisiert haben.*

O Schwarzwald, o Heimat,
wie bist du so schön!
Der 68jähr. Eduard Haas auf der Weltwanderung

stehe jedoch, heißt es im St. Märgener Rathaus, wo das dortige Uhrenmuseum untergebracht ist, »dass um 1650/1660 im Gebiet um St. Märgen herum durch ›Tüftler‹ diese mechanischen Eisenuhren als Holzuhren nachgebaut, eben kopiert wurden. Mit einfachsten Geräten, mit Schnitzmesser, Säge und Feile, fertigten die Gebrüder Kreutz auf der Redeck, auf dem Glashof bei Waldau, Lorenz Frey, besser als Hackbretterlenz bekannt, auf seinem Häusle bei St. Märgen und Simon Henninger aus Stockwald bei St. Georgen die ersten einfachen Holzuhren.«

Die Schwarzwälder Uhren wurden immer ausgeklügelter. Die ersten waren ganz aus Holz, so genannte Waag- oder Unruh-Uhren, die nur drei Räder und ei-

*Umzug beim Handwerkertag in Triberg, um 1920*

*Linke Seite:*
*Schwarzwälder Original:*
*»Eduard Haas auf der Weltwanderung«*

nen Stundenanzeiger hatten und einen Stein als Gewicht. Die Glashütten waren nahe – so kamen Glasglöckchen dazu, die den Stundenschlag anzeigten, und schwere Gewichte aus grünem Wälderglas. Später ersetzte man die Holzräder aus Gelbguss, wie man Messing nannte, auch die Glöckchen goss man aus Metall und ebenso die Gewichte.

Typisch für den Schwarzwald wurde die Schilderuhr – ein kunstvoll bemaltes Schild deckte das mechanische Gehäuse überstehend ab. Diese Art von Uhren verkaufte sich so gut, dass sich das Schildermalen zum eigenen Berufszweig entwickelte. Die Motive auf dem Rundbogen über der Uhr waren meist Blumenornamente, Landschaften, ein Bauernhof oder auch Darstellungen von Personen. Auf den Mittelteil kam das Zifferblatt, meist mit römischen Zahlen. Die Ecken füllte man ebenfalls mit Blumen oder Ziermustern aus.

Die weltweit als Inbegriff nicht nur des Schwarzwalds, sondern für ganz Germany bekannte Kuckucksuhr wird Franz Ketterer aus Schönwald zugeschrieben – 1730 oder 1740 soll er sie erfunden haben. Der erste Holzkuckuck saß noch unbeweglich über dem Zifferblatt. Der Kuckucksruf kam, wie auch später noch, aus zwei Pfeifen, hinter denen kleine Blasebälge angebracht waren. Nach und nach wurde der Auftritt des verrufenen Vogels spektakulärer – in ausgefeilten Versionen stößt der Kuckuck zur vollen Stunde sein Holztürchen auf und lehnt sich zu jedem einzelnen Schrei weit aus dem Fensterchen. Dabei bewegt er nicht nur seinen Schnabel, sondern flattert auch noch mit den Flügeln.

Offenbar hat solcherlei Spielerei den Schwarzwäldern wie auch ihrem Publikum Spaß gemacht. Eine ganze Sparte von Schwarzwälder Männle-Uhren entstand. Bekanntes Beispiel ist der Knödelfresser, der einen dicken Knödel ver-

*Kuriose Orchestrien für Kaffeehäuser, Eisenbahn-Waggons und Kreuzfahrtschiffe versammelt das Elztalmuseum in Waldkirch.*

*Ein Uhrenmacher bei der Arbeit*

schlingt und dabei mit den Augen rollt. Zum Ruf des Kuckucks kam zum Beispiel auch der Wachtelruf oder eine Abfolge von Trompetentönen, die zur vollen Stunde erklangen. Manche Spieluhrmacher hatten offenbar so großen Gefallen an den Variationsmöglichkeiten der Pfeifen, Figuren und Mechaniken, dass sie dazu übergingen, Drehorgeln und sogar ganze Orchestrien zu bauen – auch darauf spezialisierte man sich im Schwarzwald, insbesondere im Elztal.

Die typische, millionenfach in alle Welt verkaufte Kuckucksuhr ahmt ein Bahnwärterhäuschen der Badischen Staatsbahn nach. 1850 rief Robert Gerwig, Direktor der Großherzoglichen Badischen Uhrmacherschule und später verantwortlich für den Bau der Schwarzwaldbahn, einen Wettbewerb aus. Es sollte Alternativen zur Schilderuhr geben, die als bäurisch galt. Von dem Karlsruher Architekturprofessor Friedrich Eisenlohr kam der Entwurf der Bahnhäusleuhr, die mit Reblaub geschmückt sein und in dessen Giebel der Kuckuck hausen sollte.

## Sonstige Gewerbe im Schwarzwald

Zu einem bedeutenden Industriezweig in Württemberg entwickelte sich die Herstellung von Wollzeugen, auf die man sich seit dem 16. Jahrhundert im württembergischen Schwarzwald in den Ämtern von Calw und Wildberg spezialisiert hatte. Die 1650 gegründete und bis 1797 bestehende Calwer Zeughandlungskompanie beherrschte nicht nur den Handel mit Wollstoffen aus der Region. Von ihrer kaufmännischen Erfahrung profitierte auch der Holzhandel.

Im Süden des Schwarzwalds entstanden Spinnereien, Webereien, Baumwollmanufakturen und Bleichereien. Insbesondere »auf dem Hotzenwald« wurde es üblich, dass sich die Not leidenden Bauern einen Webstuhl in die Stube stellten. Den konnte sich ein armer Bauer jedoch nicht selbst anschaffen. »Im Hotzenwald wurden 1860 von zwei Säckinger Firmen 1000 Hauswebstühle in Betrieb gehalten. Der Webstuhl blieb Eigentum des Unternehmers, der auch das Rohmaterial lieferte. Die überwiegend in der Seidenbandweberei tätigen Hotzenwälder Hausweber arbeiteten an einem 3–4 Meter langen, 2,5 Meter hohen und 1,5 Meter tiefen Webstuhl, der entweder in der ›Budik‹, einem Anbau unter dem tief herabgezogenen Dach, oder im Wohnzimmer und Schlafzimmer aufgestellt war. Häufig war ein zweiter Stuhl in einer abgeteilten Stallhälfte zu finden. Es gab auch Häuser mit drei oder vier Stühlen. Hier mussten zusätzlich Fenster ausgebrochen und Fußböden abgesenkt werden. Seidenbandweber brauchten ausreichend helle Arbeitsplätze, da die Bänder aus Tausenden von Fäden zu weben waren«, so Oeschger und Weeger.

Auch auf das Töpferhandwerk verstand man sich im Schwarzwald. Hafnerorte sind Kandern im Markgräflerland, Randern, Staufen, Hornberg, Zell am Harmersbach, Ziezenhausen und Schramberg. Ofenkacheln und -platten gehörten zu den wichtigsten Produkten der Hafner. In Zell am Harmersbach entstand 1790 die erste Steingutfabrik des Schwarzwaldes, die unter anderem mit ihrem Bildergeschirr zu einem Begriff wurde. 1819 kam in Schramberg eine zweite große Fabrik dazu, die 1882 von dem saarländischen Unternehmen Villeroy und Boch übernommen wurde.

*In weiten Teilen des Schwarzwalds entstanden Textil-Manufakturen. 1754 wandelte Fürstabt Martin Gerbert von St. Blasien das Armenalmosen um in ein »Kost und Lehrgeld zum Erlernen der Spinnerei«.*

*Triberger Teufel*

# Fasnet

## Fastnachtstreiben in den Bergen

Die »Fasnet«, wie die Fastnacht im Schwarzwald und im schwäbisch-alemannischen Raum heißt, ist so bunt und unterschiedlich wie die Geschichte seiner Dörfer und Städte. Bevor Napoleon die Machtverhältnisse östlich des Rheins zu großflächigen Gebieten ordnete, war die politische und konfessionelle Landkarte des Schwarzwalds ein einziger Flickenteppich.

Fast überall gab es in nächster Nähe Grenzen, hinter denen einiges anders war und innerhalb deren man seine Eigenständigkeit pflegte. Ganz besonders in der Fasnet kommt dies zum Ausdruck – von Ort zu Ort unterscheidet sich der Mummenschanz in seinen Gebräuchen und Maskeraden.

Traditionell gibt es an der Fasnet im schwäbisch-alemannischen Raum »Fasnetskiachla« – in Schmalz gebackene Krapfen. Da die Fasnet eigentlich am Donnerstag beginnt und die Fasnetskiachla eine sehr fettige Angelegenheit sind, nennt man diesen Donnerstag auch den »schmotzigen«, was gleichbedeutend mit »fettig« ist. Nicht anders ist es in Italien und Frankreich, wo man vom »giovedi grasso« und vom »jeudi gras« spricht.

Ebenfalls zum Auftakt der Fasnet gehören die »Hemdglonker«, die, noch bevor der Tag anbricht, in Nachthemden und -hauben die Fasneter aus den Betten treiben wollen. In Waldshut schlagen sie dazu am Morgen des Schmotzigen Donnerstags lautstark mit Kochlöffeln auf Gelten, wie Holzwannen hier heißen. In Wolfach hingegen ziehen die Hemdglonker am »Schellementig«, wie der Rosenmontag genannt wird, ein Bett durch die Straßen. Darin liegt der Wohlaufsänger. Er steht immer wieder auf und schreit durch die Nacht, um auch den Rest der Bevölkerung aufzuschrecken.

»Häs«, ein alter alemannischer Ausdruck für Kleidung, heißt man im Schwarzwald das Kostüm. Die Masken nennt man »Larven« oder »Schemmen« und werden hier selbstverständlich aus Holz geschnitzt.

Wie überall hat die Fasnet vor allem in den katholisch geprägten Dörfern und Städten eine lange Tradition. Im Schwarzwald ist sie nicht zuletzt auch durch die Einflüsse des Alpenraums geprägt. Von Tirol aus wurden nicht nur weite Teile des Schwarzwalds über Jahrhunderte regiert, sondern es kamen auch viele Tiroler als Waldarbeiter in den Schwarzwald und brachten ihre Bräuche mit.

Die Fasnet im Schwarzwald ist bäuerlich. Mehr bunt als glanzvoll. Bodenständig und derb. Preußischer Gleichschritt passt so wenig in eine Gebirgslandschaft wie grazile Galanterie. Und für die große Politik interessiert man sich an der Fasnet im Schwarzwald auch nicht.

Urig mutet der Mummenschanz hier an. Die Hästräger trotten durch die Straßen. Männer unter Hexenlarven hüpfen und springen mal hierhin, mal dorthin und versuchen mit ihrem Besenstiel Eindruck zu schinden. Zum Hof gehörende Tierfiguren wie Esel und Gockel, Letztere »Guller« genannt, können dabei sein

*In Triberg ist an der Fasnet so allerhand los ...*

oder auch Bären, die es mindestens bis zum 16. Jahrhundert im Schwarzwald gab und die das Ende des Winterschlafs symbolisieren könnten.

Zu den ältesten Fasnetsfiguren gehört der »Rottweiler Federahannes«. Sein Kostüm und sein Kopf ist mit Gänsefedern bestückt, aus seinem Maul über dem Rollkinn ragen wilde Hauer. An seinem Stecken baumelt ein Kalbsschwanz.

Rottweil hat nicht nur eine große Narrentradition, sondern auch eine überaus widerstandsfähige. Zwar schlug Napoleon die ehemalige Freie Reichsstadt dem protestantischen Haus Württemberg zu. An der Fasnet hielten die Rottweiler dennoch fest. Bekannt ist Rottweil für seinen Narrensprung – so benannt nach dem Höhepunkt der Rottweiler Fasnet: Am Morgen des Fastnachtsmontags brechen mit dem achten Glockenschlag Tausende von Narren durch das Schwarze Tor in die Stadt ein und erfüllen die Straßen und Gassen mit ihrem bunten Treiben und Lärmen.

*... auch die Firma »Gschirr-Blech« ist unterwegs!*

*Triberger Skifahrer und Skifahrerinnen – an der Fasnet mit einem »Gschell« um den Leib: Die Rollen schlagen aber nur an, wenn man mit ihnen hüpft!*

*Hästräger erschrecken das Publikum gerne mit Streckscheren.*

Seit dem Ende des Dreißigjährigen Kriegs sind »masceraden« auch in Villingen üblich, wie es dort aus Ratsprotokollen hervorgeht. Die Villinger Hauptfigur ist der »Narro« mit einer barocken »Schemme«. Daneben gibt es noch einen bäuerlichen »Stachi«, »Wüeschde«, »Butzesel«, »Alt-Villingerin« und »Morbili«. Villingen war bis zur napoleonischen Neuverteilung österreichisch. Danach gehörte es ein paar Monate zum Großherzogtum Modena und für ein paar Wochen auch zu Württemberg, bevor es 1806 badisch wurde. Die neue Regierung erließ ein rigoroses Generalverbot der Fasnetstradition – ein Schock für die Villinger. Wie dem Fasnetsverbot dann doch wieder abgeholfen werden konnte, schildert Werner Mezger: »Zu dessen Lockerung führte erst ein denkwürdiger Brief der beiden Villinger Bürger Schleicher und Dold vom 15.1.1812 ans Karlsruher Innenministerium mit der Bitte ›um höchste Bewilligung der bisher gewöhnten Faschings-

Maskeraden‹, in dem es unter anderem hieß: ›Wir betrachten diese als unschädliche Sitte unserer Väter als einen Theil unserer Freyheiten, die uns schon im Jahr 1326 unter der Regierung Herzog Albrechts des 2ten von Österreich garantiert waren […]‹ Fast rührend dazu die weitere Argumentation der Bittsteller: ›Allen Bürgern unseres Vaterlandes giebt die Natur mehr Freude als uns – Jenen giebt sie das Angenehme und den Nutzen des Frühlings, des Sommers und Herbst, aber bey uns kehren dies kaum ein, der längste Winter hat seine Wohnung bey uns aufgeschlagen, und uns giebt die Natur nichts als Schnee, Tannzapfen und Reiß. Einmal im Jahr darf dem Arbeitsgewöhnten Bürger eine Freude erlaubt seyn, um seine Strapatzen zu vergessen. Dies war Sitte bey allen Völkern.‹

Am bemerkenswertesten ist aber die abschließende Begründung der Petition […] ›der Nutzen, der aus diesen Faschings Maskeraden für unsere Stadt entsteht, hat unsere unterthänigst gehorsame Bitte veranlaßt. Wie wir, so hat auch das Volk in unsren und in anderen entlegenen Amtsbezirken Vergnügen bey unseren Faschings Maskeraden. Schon daran gewöhnt eilet dieses Volk herbey, und bringt während seinem Aufenthalt sehr großen Gewin in allen Theilen unserer Gewerbe und Handwerker – Jener Nutzen aber ist itzt uns nicht nur entzogen, sondern dieses Volk gehet itzt in die uns nahe gelegene Kreisstadt Rottweil um diese Faschings Maskeraden zu sehen, wo die Königlich Württembergische Regierung solche begünstigt hat, und verzehrt daher im Auslande das Geld, das früher so vielen dürftigen Familien unserer Stadt mittelbar und unmittelbar so gut gekommen wäre.‹«

Auch die Fasnet in Elzach ist jahrhundertealt. Bereits 1530 ist in einem Elzacher Schriftstück von den »Fasnachtsküchlin« die Rede. Die Elzacher Figur ist der »Schuddig«, der vornehmlich Mädchen und Frauen zwickt und mit »Saublodere« auf sie einschlägt. Schuddig leitet sich aus Schauertag ab, womit der Aschermittwoch gemeint ist. Der Schuddig hat ein knallrotes Kostüm. Es ist wie ein Schindeldach aus kleinen roten Stoffstücken zusammengefügt. Sein Kopfschmuck ist aus Schneckenhäuschen. In der Hand hält der Schuddig einen Hagenschwanz – einen auf einen Stecken aufgezogenen Bullenpenis –, an dem eine Schnur mit einer »Saubloder«, einer aufgeblasenen Schweinsblase, befestigt ist. Nur einer der Schuddig ist schwarz, hat Hörner auf dem Kopf und eine Gabel in der Hand – der Teufelsschuddig.

Weit verbreitet – doch an jedem Ort auch wieder ganz anders – sind die Kostüme aus bunt zusammengenähten »Blätzle«, »Spättle« oder »Fleckle«. Mit diesen Bezeichnungen meint man winzige Stoffreste, was andeutet, dass dies Kostüme sind, die aus Armut entstanden sind – weil man eben nichts anderes hatte.

Zu den Accessoires der Narren gehören neben den vielfach anzutreffenden Saublodere auch die Streckscheren, mit denen man Schrecken verbreiten und vielleicht blitzschnell einen Hut ergattern kann. Überaus wichtig ist auch alles, was Krach, Lärm oder vielleicht sogar Musik macht.

Sehr gern bestückt man das Kostüm selbst schon akustisch mit kleinen, kugelförmigen Glöckchen, die man Rollen nennt, und die bei jedem Schritt mitscheppern. Starke Männer schnallen sich ein mehrere Kilo schweres »Gschell« um den Leib, große auf Lederriemen befestigte Rollen, die allerdings nur anschlagen, wenn man mit ihnen hüpft.

Ohrenbetäubenden Krach macht man beispielsweise in der Weinstadt Freiburg mit hölzernen Rätschen, wie man sie auch in den Weinbergen benutzt, um die Vögel aus den Reben zu vertreiben.

Furchteinflößend sind die Geißeln und Karbatschen, mit denen man durch die Straßen »glepft« und »schnellt«. Das Wort Karbatsche für eine Peitsche mit einem kurzen Stiel und einer langen Schnur lautet ganz ähnlich im Türkischen, Ungarischen und Tschechischen und kam wohl mit den Österreichern ins Schwäbisch-Alemannische. Geradezu zart nehmen sich gegen Rätschen und Peitschen die »Klepperle« aus, die man zum Beispiel in Waldkirch, Gengenbach und Haslach kennt: Man nimmt zwei kleine Brettchen zwischen die Finger und schlägt sie mit lockeren Handbewegungen rhythmisch gegeneinander.

Mancherorts fügen sich die Töne aus allen möglichen Instrumenten, Gebrauchsgegenständen oder sonstigen Fundstücken zu regelrechten Konzerten zusammen. Schrill und schräg und ohne jegliche Melodie oder Vorgabe – das kennzeichnet die Katzenmusik. Die »Tschättermusik« in Laufenburg unterscheidet sich davon durch eine gewisse Ordnung. Die Instrumente sind vornehmlich Schlaginstrumente, aber was dazu taugen soll, ist nicht weiter vorgeschrieben. Exakt vorgegeben ist jedoch ein gemeinsamer Takt. Aber auch das schien den Stadtherren noch zu anarchistisch, und so versuchte man bereits zu Beginn des 17. Jahrhunderts »alles haffenklopfen« zu verbieten – anscheinend wollte jedoch niemand auf die Ratsherren hören.

Die Alt Fasnet, auch »Buurefasnet« genannt, begeht man eine Woche später als die offizielle, so ist der Haupttag der Fasnet in Weil am Rhein der Sonntag nach Aschermittwoch, in Basel läutet erst am darauf folgenden Montag morgens um vier der »Morgastraich« die Fasnet ein. Dies hat mit verschiedenen Zählweisen der Fastentage zu tun. Mal werden die Sonntage mitgezählt, mal – als Unterbrechung der Fastenzeit – nicht. Bei der Alten Fasnet zählen die Sonntage mit, was die ursprüngliche Version ist. Im Schwarzwald und auch andernorts hat sich die Alte Fasnet am Sonntag nach Aschermittwoch als Funken- oder Fackelsonntag erhalten. Auf den Bergen werden bei Einbruch der Dunkelheit weithin sichtbare Freudenfeuer angezündet. Junge Burschen halten Holzscheiben in die Flammen und schlagen die glühenden und Funken stiebenden Räder dann zu Tal. Erreicht werden soll damit das auserwählte Mädchen. »Schibi, Schibo, wem soll die Schibe goh?«, wird dann gefragt. Und so mancher Glückliche kann sagen: »Die Schibe leucht' mi'm Schätzle ins Bett. Mi Bärbeli isch dundersnet!«

# Wälderrassen

## Rinder und Pferde für magere Steillagen

Es ist kein Zufall, dass die kleinste Rinderrasse Mitteleuropas und auch das leichteste Kaltblut-Pferd aus dem Schwarzwald kommen. Nur mit diesen anspruchslosen und gebirgsgängigen Tieren war es überhaupt möglich, im Schwarzwald Land- und Forstwirtschaft zu betreiben. Die Schwarzwälder Rassen gedeihen auch mit dem mageren Futter der Höhenlagen. Diese Rinder und Pferde gelten insgesamt als sehr robust und gesund, das bisweilen recht raue Klima kann ihnen nichts anhaben. Die relativ leichten und beweglichen Tiere sind hervorragend an die teils steile Gebirgslandschaft angepasst.

*Hinterwälder Kuh »Stolze«*

*Hinterwälder Gespann im Münstertal, 1955*

Vorderwälder und Hinterwälder heißen die beiden Schwarzwälder Rinderrassen, landläufig spricht man auch gern vom Wäldervieh. Hinterwälder, die kleinsten Rinder Mitteleuropas, sind vor allem auf den Hochlagen des Südschwarzwalds zu Hause. Ihr etwas größeres und kräftigeres Pendant, die Vorderwälder, sind in den mittleren und tieferen Lagen des Schwarzwaldes anzutreffen. Zusammen mit dem Wälderpferd zählen diese für den Schwarzwald so typischen Züchtungen zu den gefährdeten Nutztierrassen. Die Schwarzwaldziege, deren Kennzeichen unter anderem ein heller Bauch war, gibt es bereits seit 1928 nicht mehr – damals begann man, aus allen farbigen Ziegen Deutschlands die »Bunte Deutsche Edelziege« zu züchten.

Dass sich Wäldervieh und Wälderpferd erhalten haben, hat offenbar auch viel mit dem Eigensinn der Schwarzwälder Bauern zu tun, mit ihrem Gespür für ihre Tiere und mit sprichwörtlicher Bauernschläue. Man übernahm im Schwarzwald nicht einfach alles ungeprüft, was einem in staatlichen Zuchtvorschriften aufgetragen war.

In einem Bericht eines Inspektors um 1870 heißt es: »Der erste Eindruck, welchen die Thiere auf den Besucher machen, ist gewöhnlich kein günstiger. Die Thiere sind nämlich klein, 1,05 bis 1,18 M hoch.« An anderer Stelle werden die badischen Rassen gar als »traurige Art« abqualifiziert. Ignoriert wurde bei solch einseitiger Beurteilung neben vielen anderen Vorteilen, dass beide Schwarzwälder Rinderrassen sehr gesund und widerstandsfähig sind. Nicht umsonst blieb das Wäldervieh – im Gegensatz zu vielen anderen – von der im 18. Jahrhundert grassierenden Rinderpest weitgehend verschont.

Die Häme der staatlichen Kontrolleure brachte die Schwarzwälder nicht aus dem Konzept. Die meisten Bauern verzichteten trotz des Naserümpfens der Inspektoren darauf, größere Rinder einzukreuzen. Und wer doch größere und anspruchsvollere Tiere züchten wollte, musste einsehen, dass diese »unter der schwierigen Gebirgssituation nicht gediehen und schon bald nur Zerrbilder ihrer Rasse darstellten«, so der Tierforscher Hans Hinrich Sambraus.

Auch bei ihrer Pferdezucht gingen die Schwarzwälder auf die Hinterbeine. 1880 erließ die badische Regierung ein Körgesetz, das bis auf einen einzigen Hengst aus dem Schwarzwald nur noch schwere Belgier als Beschäler zuließ. Auch die 1896 gegründete »Schwarzwälder Pferdezuchtgenossenschaft« gab Belgiern und Ardennern den Vorzug vor den Hengsten aus dem Schwarzwald.

Das erregte den Zorn der Bauern auf die »papierene Landwirtschaft«, wie Anton Straub (1865–1955) erzählte. Der Bauer, Wirt und Bürgermeister in Langenordnach im Hochschwarzwald schreibt: »Diese schweren Pferde gediehen ohne Hafer oder sonst gutes Futter und Pflege nicht. Sie waren recht als Zugtiere auf ebenen Landstraßen; aber auf einem Hof mit weichen Matten und steilen Wegen eignet sich ein solch schweres Pferd so wenig wie ein 250 Pfund schwerer Mann als Landbriefträger im Schwarzwald.«

Dass die Schwarzwälder ihren eigenen Kopf hatten, war dem Gesetzgeber in Karlsruhe offenbar bestens bekannt, denn man drohte den Bauern mit Geldstrafe, ließen sie ihre Stuten von anderen Hengsten decken als den offiziell aufgestellten. Die Bauern ließen sich jedoch nicht ins Bockshorn jagen und schalteten zunächst auf stur, ließen ihre Stuten ungedeckt und führten Fohlen aus anderen Gegenden ein. Bald erkannten sie die Möglichkeit einer List. Die Befruchtungsraten der importierten belgischen Hengste waren schlecht. Also brachten die Bauern ihre Stuten vor oder nach dem Decken mit einem Belgier auch schnell noch zu einem bodenständigen Hengst, was man »wildern« nannte. Auf diese Weise sollen sich die Schwarzwälder Hengste nicht unbeträchtlich fortgepflanzt haben. Bestätigt wurden die eigenwilligen Züchter, als bei den Pferdemusterungen zu Beginn des Ersten Weltkriegs fast ausschließlich Pferde eingezogen worden seien, die von ungekörten Wälderhengsten abstammten, wie Sambraus berichtet – was allerdings auch einen herben Verlust bedeutete.

# Schwarzwälder Rinderrassen

## Hinterwälder

»Hirschvieh« wird das Wäldervieh bezeichnenderweise auch genannt, was ganz besonders auf die Hinterwälder zutrifft – sie sind behänd, zierlich und grazil und bewegen sich auch auf steilem Gelände mit ihren festen Klauen sehr trittsicher und hinterlassen nur wenig Schäden. Stammgebiet der Hinterwälder sind die Hochweiden südlich von Feldberg und Belchen. Je höher und steiler die Weiden, desto kleiner sind die Tiere.

Das Hinterwälder Rind gilt als das ursprünglichste Vieh unter den badischen Rassen. Experten halten es sogar für nicht ausgeschlossen, dass das Hinterwälder direkt vom Keltenrind abstammt. Entsprechende Knochenfunde stützen diese These, sind allerdings kein Beweis. Laut Hans Hinrich Sambraus, Mitbegründer der »Gesellschaft zur Erhaltung alter und gefährdeter Haustierrassen« spricht jedoch »allein das Vorkommen der Hinterwälder im Schwarzwald für einen möglichen Zusammenhang mit dem Keltenrind«.

*Hinterwälder Bulle »Fritzle«, 1955 bei der DLG-Ausstellung in München*

*Hinterwälder-Kuh »Viktoria«, Siegerkuh auf der DLG-Ausstellung 1955 in München*

Das Aussehen der Hinterwälder wird laut Sambraus um 1880 so beschrieben: vorwiegend »Gelbschecken mit semmel- bis hellgelben Haaren und unregelmäßigen weißen Flecken«, daneben gab es auch etliche Rotschecken und ganz vereinzelt einfarbig gelbe und rote Tiere. »Der Kopf war bei den meisten Tieren ganz weiß. Einige hatten sogenannte Brillen.« Die Hörner der Hinterwälder werden als »hirschartig ausgezogen und lyraförmig« bezeichnet, ihr Kopf als fein und ausdrucksvoll. Von offizieller Seite oft genug gering geschätzt, attestiert Sambraus den Hinterwäldern »viel Adel«.

In einer Beschreibung der »Gesellschaft zur Erhaltung alter und gefährdeter Haustierrassen« heißt es über die Hinterwälder: »An die Futterqualität stellen sie geringste Ansprüche. Die Allmendweiden des Schwarzwaldes haben in der Regel eine Hangneigung von 30 Prozent. Um täglich von den Ställen im Tal auf diese Weideflächen zu gelangen, müssen die Tiere meist bis zu 5 km Wegstrecke zurücklegen. Es ist erwiesen, dass der Futterverbrauch der Hinterwälder gegenüber Fleckvieh und Rotbunten um ein Drittel geringer ist, um dieselbe Menge an Milch zu produzieren.«

**Sebastian Münster**

Bereits 1544 schrieb Sebastian Münster über das Schwarzwälder Vieh in seiner »Cosmographia Universalis«: »besonders gut Ochsen, die am Fleisch besser seind, wie alle Metzger das bekennen, dann die Ungerischen, Böhmischen, Polnischen oder auch die Schweitzer Ochsen«.

*Der »Landesverband Badische Rinderzüchter« präsentiert seine Hinterwälder.*

*Hinterwälder Kuh »Sterni«*

**Das »Wäldervieh« wird erstmals 1829 in einer Urkunde beschrieben**

»Die Schwarzwälder Race hat einen feinen, proportionierten, runden Körperbau, hirschartiges Aussehen, dünnen Hals, kurze Beine. Die Thiere sind rüstig, kräftig und flink. Gewöhnlich von rotbrauner Farbe, mit und ohne weiße Blässen und Flecken; hat feine Haare, dünnes, rundes, sauberes und geschmeidiges Gehörn; liefert bei magerer Weide und schlechtem Futter vorzüglich gute Milch, tüchtige Arbeiter und gute Mäster, ein vorzüglich zartes Fleisch und eine dauerhafte Haut. Man unterscheidet eine größere und eine kleinere Wälderrace. Die kleinere scheint ausschließlich dem Hochgebirge anzugehören. Sie findet sich rein über den ganzen Schwarzwald verbreitet, vorzüglich in Zell, Schönau und in den ehemals St. Blasischen Orten.«

## Vorderwälder

In den mittleren und tieferen Lagen des Schwarzwalds trifft man auf die etwas größere Rasse des Wälderviehs, die Vorderwälder. Im 19. Jahrhundert war es die führende Rinderrasse im Schwarzwald. Wie aus alten Beschreibungen hervorgeht, waren es häufig Rückenschecken mit einem weißen Streifen auf dem Rücken, auch Kopf, Bauch und Unterbeine waren weiß. Die Schecken waren gelb, rot oder rotbraun. Durch Einkreuzung von Fleckvieh ging dieses typische Ausse-

*Zwei Vorderwälder Kühe vor der Egge in Schopfheim-Gersbach*

hen jedoch nach 1900 weitgehend verloren. Der Kopf – bis auf die Ohren – blieb weiß, der Körper wurde rotbraun bis dunkelrot gescheckt oder auch gedeckt. Insbesondere im Kinzigtal und im Elztal schätzte man die Vorderwälder Zugochsen. Eine Beschreibung von 1906 hebt hervor: »Die Ochsen, welche fast ausschließlich zur Arbeit verwendet werden, sind sehr leistungsfähig und ausdauernd. Beschlag bei den kräftigen, harten Klauen unnötig.«

*Vorderwälder Kuh »Nelly«*

*Vorderwälder Viehschau*

# Schwarzwälder Fuchs

Die leichteste Kaltblutrasse unter den Pferden lässt an Herkunft und Aussehen im Namen wenig Zweifel – der Schwarzwälder Fuchs. Zuchtgebiet ist der südliche Schwarzwald, vor allem die Region um St. Märgen und St. Peter. Auffallendstes Merkmal des eleganten Kaltbluts ist oft der paradoxe Kontrast des möglichst dunklen Kurzhaars und des sehr hellen Langhaars. Fuchs ist die weit überwiegende Farbe der Wälderpferde – vom Weißfuchs mit sehr vielen weißen Stichelhaaren bis zum sehr dunklen Kohlfuchs. Nur ganz vereinzelte Tiere dieser Rasse sind Braune, noch seltener Schimmel.

Zurückverfolgen kann man die Pferdehaltung im Schwarzwald urkundlich bis zu einem so genannten »Dingrodel«, einer Zehnt- und Lehensordnung aus dem 15. Jahrhundert aus dem Kloster St. Peter. Für jedes Fohlen musste demnach eine Abgabe von vier Pfennigen geleistet werden.

Dass man gerade auf den oft sehr abgelegenen Schwarzwaldhöfen ohne ein Reitpferd gar nicht auskam, ist plausibel. Auf den Höfen selbst arbeitete man zwar

*Schwarzwälder Füchse dienen auch als Reitpferde, beim Rossfest in St. Märgen, 1957*

*Langholztransport mit Schwarzwälder Füchsen*

viel auch mit Kühen oder Ochsen, die man vor den Pflug spannte. Wollte man jedoch seinen Hof verlassen, vielleicht einen Arzt oder Tierarzt holen oder etwas im nächsten Dorf oder in der Stadt erledigen, wäre das zu Fuß in vielen Fällen gar nicht möglich gewesen.

Für Handel und Gewerbe, den Transport von Waren über lange Strecken brauchte man Fuhrwerke mit kräftigen, ausdauernden Pferden. Im Schwarzwald mussten sie überdies auch geländegängig und unempfindlich gegen Kälte und Schnee sein. »An steilen Durchgangsstraßen«, so Sambraus, »standen Vorspannpferde bereit, um die schweren Gespanne bergan zu ziehen. Hierbei handelte es sich oft um leistungsstarke und ausdauernde Hengste, denen von den Bauern in der Nachbarschaft zahlreiche Stuten zugeführt wurden.«

Als sehr alte oder gar zu den Urpferden zählende Rasse kann man den Schwarzwälder Fuchs kaum bezeichnen. Seine Herkunft scheint vielmehr wie aus einer Bonboniere verschiedenster Rassen erwachsen zu sein, aus der sich die Bauern das ihnen jeweils am passendsten Erscheinende ausgesucht haben. Somit ist

*Schwarzwälder Kaltblutstute »Rose«, 1959 (oben und unten)*

die Verwandtschaft des kleinen Wälders weit verzweigt und durchaus auch unter den Warmblutpferden zu suchen, was ihn leichter und graziöser gemacht hat. Zu Einkreuzungen von Warmblütern kam es auch mit den immer wieder durch den Schwarzwald ziehenden Reitertruppen – so etwa während der Unruhen der Bauernkriege, die im Schwarzwald ihren Anfang nahmen.

Belegt ist in Sachen Pferdezucht, dass die damals zum Erzbistum Salzburg gehörenden Klöster St. Märgen, St. Peter und St. Blasien mindestens ab der Mitte des 18. Jahrhunderts immer wieder Pinzgauer Hengste eingeführt haben, den schwereren Schlag der Noriker. Es ist eigentlich nahe liegend, dass dies auch schon vorher der Fall war, da der Südschwarzwald ja bereits seit dem 13. Jahrhundert zu den Vorlanden Österreichs gehörte. Gerade für die Klöster dürfte es relativ einfach gewesen sein, über die Mutterklöster wie so vieles andere so auch Pferde zu beziehen.

Schwarzwälder Füchse gelten als arbeitswillig, ausdauernd und reaktionsschnell – Eigenschaften, die in der Landwirtschaft und besonders auch bei der Waldarbeit gefragt sind. Das Holzrücken in der Gebirgslandschaft ist eine schwere und oft auch schwierige Arbeit. Rückepferde müssen deshalb wendig und stark zugleich sein und ihre ständig wechselnden Aufgaben rasch erfassen.

*Schwarzwälder Kaltblutstute »Agnes«, 1965*

# Waldwege

## Erschließung des Waldgebirges

### Pfade, Wege, Straßen

Wege durch das dicht bewaldete Gebirge zwischen Rheintal, Donau- und Neckargebiet gab es bis zur Besiedlung im Mittelalter nur sehr wenige. Immer am besten geeignet, den Schwarzwald zu durchqueren, war das Kinzigtal.

*In Triberg war eine Poststation für die Kutschen.*
*Linke Seite: 1760 fuhr erstmals eine Postkutsche von Straßburg über den Schwarzwald nach München.*

Auch entlang der Dreisam gab es einen alten Pfad, ebenso durch das Renchtal. Die Route längs der Rench führte allerdings über den Kniebis, ein gefürchteter Pass, dessen Name bedeutet, dass man hier ins Knie gebissen bekommt, sich also das Knie verletzen konnte. Der Weg über den Kniebis ist die kürzeste Verbindung zwischen Ulm und Straßburg. Dennoch gibt es keinen Hinweis, dass die Römer diese beschwerliche Strecke benutzt haben. Sie zogen es vor, den zwar längeren, aber weitaus bequemeren Weg durchs Kinzigtal als Straße auszubauen.

Durch die Heirat des österreichischen Kaisers Maximilian I. mit der Burgunderprinzessin Maria 1477 war der Schwarzwald nicht mehr bloß Randgebiet der habsburgischen Herrschaft, sondern die Brücke zum Königreich Burgund. Grund genug für die Habsburger, eine Straße über den Südschwarzwald bauen zu lassen.

Die gefürchtete Kniebisroute wurde von Herzog Friedrich von Württemberg entschärft, der im 17. Jahrhundert eine Straße über den Pass bauen ließ. Gleichzeitig gründete er in der Nähe des Passes Freudenstadt, um die neue Straße zu si-

*Von weit her kamen Touristen in den Schwarzwald mit solch schicken Reise-Mobilen ...*

*... wenn der Bus im Schnee stecken blieb, brauchte man allerdings doch wieder die kräftigen Pferde!*

chern. Angelegt wurde Freudenstadt wie ein Mühlespiel. Zu den ersten Bewohnern zählten aus Österreich vertriebene Protestanten.

Auch für die Fahrt von Marie Antoinette von Wien nach Paris 1770 bemühte man sich um eine Straße über den Schwarzwald und ließ den vorhandenen Saumpfad durchs Höllental ausbauen, was die Städte Freiburg und Donaueschingen miteinander verband und zu einer wichtigen Verbindung wurde.

1760 fuhr erstmals eine Postkutsche, das erste öffentliche Verkehrsmittel, durchgehend von Straßburg über den Schwarzwald nach München. Sie passierte das Kinzigtal, fuhr hoch über Hornberg und weiter nach Villingen.

# Eisenbahn

Einschneidende Veränderungen für den Schwarzwald brachten die ersten Eisenbahnen, mit denen das Gebirge erschlossen wurde, allen voran die Schwarzwaldbahn, die 1873 in Betrieb genommen wurde und von Offenburg durch den Schwarzwald nach Villingen und weiter nach Konstanz und Singen am Hohentwiel führte. Der Ingenieur Robert Gerwig hatte den Auftrag zum Bau der Schwarzwaldbahn. Auch Gerwig wählte keine andere Route als die durchs Kinzigtal – so weit dies möglich war. Am schwierigsten – und nach Fertigstellung am spektakulärsten – war die weitere Strecke durch das steilwandige Gutachtal.

Gerwig holte sich erfahrene Spezialisten aus dem angrenzenden Alpenraum. Etwa 1000 Italiener, 550 Österreicher und 100 Schweizer waren 1871 am Bau der Schwarzwaldbahn beteiligt. Allein zwischen Hornberg und Sommerau, die eigentlich nur zehn Kilometer auseinander liegen, führt die Strecke durch nicht weniger als 36 Tunnels, zwei Doppelschleifen und sogar zwei Kehrtunnels. Hier müssen 448 Höhenmeter auf 26 Kilometern überwunden werden. Im Sommerau-Tunnel unterquert die Bahn die Wasserscheide zwischen Rhein und Donau.

*Linke Seite: Bau der Schwarzwaldbahn*

*Steinklopfer Castellazzi kam aus Italien nach Triberg, um beim Bau der Tunnel und Trassen zu helfen.*

*Unten: Allein zwischen Hornberg und Sommerau führt die Strecke durch 36 Tunnel, für deren Bau man Spezialisten aus den benachbarten Alpenländern holte.*

Selbstverständlich wäre es viel einfacher gewesen, die Trasse statt über die Gutachschlucht weiter nach Wolfach, Schiltach und Schramberg zu führen – dies war jedoch württembergisches Ausland.

*Bei Gremmelsbach hat die Schwarzwaldbahn fast den Scheitelpunkt Richtung Villingen erreicht.*

*Großer Empfang am Bahnhof Triberg*

*Per Dampfexpress durch den Schwarzwald*

*Die Schwarzwaldbahn überquert die Stadt Hornberg auf einem großen Viadukt.*

*Zugunglück am Triberger Bahnhof beim oberen Stellwerk*

*Die Schwarzwaldbahn – unterwegs auf dem »Badischen Gotthard« (oben und unten)*

## Das Hornberger Schießen

Das Hornberger Schießen sei mit nichts anderem als »Piff-Paff!« ausgegangen – Versionen, die »Bumm-Bumm!« behaupten, bringen die Hornberger in Rage! 1564 hatte der Landesvater seinen Besuch in der kleinen Stadt im Gutachtal angekündigt. Es herrschte Aufregung. Die Hornberger planten einen großen Empfang. Donnernde Böllerschüsse sollten zur Begrüßung der Herrschaft abgeschossen werden. Die Schützen zogen also mit ihren schweren Kanonen auf den Schlossberg. Von dort aus müsste man den Wagentross des Herzogs früh genug erkennen können und von hier aus könnten die Böller auch weithin zu hören sein.

Was nun passierte, ist in verschiedenen Versionen überliefert. Vom Zweifel der Schützen wird berichtet und auch vom reichlichen Alkoholgenuss während des Wartens. So sei die Frage aufgekommen, ob die Kanonen im richtigen Moment auch zünden würden? Man habe sie doch vorher gar nicht ausprobiert, was man deshalb umgehend nachholte.

In einer anderen Version heißt es, ein Krämerkarren, der durch das Gutachtal zog, sei mit dem Tross des Herzogs verwechselt worden und auch der von einer Viehherde aufgewirbelte Staub sei dem Herzog zugeschrieben worden.

Jedenfalls donnerte und böllerte es vom Schlossberg herunter und in Hornberg selbst stieg die Erwartung des Herzogs ins Unermessliche. Doch die Schüsse verhallten und kein Herzog fuhr zum Städtchen herein. Stimmengewirr erhob sich. Wo blieb der Herzog?

Da auf einmal vernahm man doch noch nahendes Hufgeklapper – alles wartete gespannt auf die Böllerschüsse. Doch nichts rührte sich. Stattdessen tönte es vom Schlossberg nur »Piff-Paff!« herunter. Die Kanoniere hatten in ihrem Eifer ihr Pulver verschossen, bevor der Herzog nahte. So ging das Hornberger Schießen aus.

Mit dem Krieg 1870/71 waren das Elsass und Lothringen wieder an das Deutsche Reich gefallen. In Berlin beschloss man daraufhin eine Verbindung zwischen Ulm und Belfort, das nun zum Reich gehörte. Die einzige Möglichkeit war der Weg über den Südschwarzwald, die Kosten spielten keine Rolle. Die einzige Vorgabe war, die Bahn sollte nur maximal ein Prozent Steigung haben. Auch auf dieser Strecke bedurfte es somit Tunnels, Viadukte und Kehrschleifen. Rund 4000 Italiener bauten an der Strecke mit. »Kanonenbahn« oder »Sauschwänzlebahn« nannten die Schwarzwälder die 1890 eröffnete Trasse wegen ihres strategischen Zwecks und der Verschnörkelungen ihrer Strecke.

Die dritte Eisenbahn über den Schwarzwald war die 1887 eröffnete Höllentalbahn von Freiburg über Hinterzarten nach Donaueschingen. Sie hat eine Steigung von bis zu 5,5 Prozent und überwindet 625 Höhenmeter, bekannt ist die Brücke über die Ravennaschlucht, was sich von Rabenschlucht ableitet. Allein im Höllental brauchte man neun Tunnels und einen 222 Meter hohen Viadukt.

Eisenbahntechnisch kann der Schwarzwald mit einigen Superlativen aufwarten: Der Bahnhof Feldberg-Bärental ist mit 937 Metern der höchstgelegene deutsche Bahnhof. Die Strecke Hornberg-Triberg ist die tunnelreichste und Höllental-Neustadt die steilste. Besonders anspruchsvoll sind auch der Weiler Kehrtunnel und der Stockhalde-Kreiskehrtunnel – der einzige Spiralkehrtunnel in Deutschland.

Viele der Arbeiter, die man aus den Alpen in den Schwarzwald geholt hat, um auch hier Gebirgsbahnen zu bauen, sind geblieben – zahlreiche italienische Familiennamen im Schwarzwald gehen darauf zurück.

## Schneewege

Schlitten waren im Schwarzwald schon immer ein übliches Transportmittel. In den schneereichen Wintern ersetzten die von Pferden gezogenen Schlitten die Kutschen. Als Transportmittel für Holz und Heu wurden Schlitten jedoch auch im Sommer eingesetzt.

*Früher spannte man sogar Hunde vor die Schlitten und ließ sie schwere Lasten ziehen.*

*Mit dem Pferde-Schlitten durch Tribergs Innenstadt*

Die ersten Schneeschuhe im Schwarzwald soll 1888 der Kurarzt Doktor Tholus in Todtnau für seine Krankenbesuche benutzt haben. 1891 schickte Nordpolforscher Fridtjof Nansen Skier aus Norwegen in den Schwarzwald. Postboten waren die Ersten, die hier damit ausgerüstet wurden, um die weit abgelegenen Höfe im Winter besser erreichen zu können. Im gleichen Jahr gründete man den Ski-Club Todtnau, den Vorläufer des Schwarzwälder Ski-Clubs, aus dem wiederum 1905 der Deutsche Ski-Verband hervorging.

Eine »Vorrichtung zum Hinaufziehen von Schneeschuhläufern und Rodlern mittels einer kontinuierlich sich bewegenden Seilbahn auf beschneite Berghänge« patentierte 1908 das kaiserliche Patentamt in Berlin. Der Bauer und Gastwirt Robert Winterhalder aus Schollach hatte die Seiltriebtechnik der Mühlen weiterentwickelt. Direkt neben seinem »Schneckenhof« im Hochschwarzwald erstellte Winterhalder den ersten Skilift der Welt. Rodler und Skifahrer konnten sich damit 280 Meter weit den Berg hochziehen lassen. Betrieben wurde der Schlepplift mit Wasserkraft.

1924 wurde in Hinterzarten im Wald des Adler-Wirts eine Schanze gebaut. Bereits im Alter von zwölf Jahren übte hier »das Jörgle« – 1960 holte sich Georg Thoma bei den Olympischen Spielen in Squaw Valley die Goldmedaille in der Nordischen Kombination, zu der Skispringen und Langlauf gehören. Als Briefträger in Hinterzarten hatte er täglich etwa 30 Kilometer zurückzulegen.

*Georg Thoma als Kind – der spätere Olympiasieger begann bereits mit zwölf Jahren auf der Adler-Schanze in Hinterzarten mit dem Skispringen.*

*Schneeschuhe*

*Mit Hemd und Krawatte?*
*Bevor es Skianzüge gab...*

*Rechte Seite: Auf der Triberger*
*Rodelbahn gemütlich durch den Wald ...*

23

*Linke Seite:*
*... oder in einem Affenzahn um die Kurve!*

*Mit schützenden Lederhelmen – Vierer-Bob mit Bremser auf der Triberger Bob-Bahn*

*Früher wurden auf dem Bergsee über Triberg sogar Europameisterschaften im Eiskunstlauf ausgetragen.*

# Wälderrezepte

## Spezialitäten aus dem Schwarzwald

Spötter behaupten, im Schwarzwald gebe es unter der Woche Sauerkraut mit Speck und sonntags Speck mit Sauerkraut. Wahr ist, dass die Küche in den rauen Hochlagen – etwa im Vergleich zur Rheinebene, wo badische und elsässische Schlemmereien miteinander im Wettstreit liegen – eher einfach ist.

*»Des Schwarzwälder Weltwanderers Einladung zum Besuche des Schwarzwaldes«*

*»Restauration und Bierbrauerei R. Schweitzer«, das spätere »Gasthaus Löwen« in St. Märgen*

Neben den Hauptmahlzeiten legt man hier großen Wert auf ein Vesper in den Arbeitspausen, »z' nüni« – morgens gegen neun – und »s' viere« – nachmittags gegen vier. Zu einem Schwarzwälder Vesper gehört in erster Linie dunkles Bauernbrot, Speck und Most, vielleicht auch noch Schinken und ein Schnäpsle. Wichtig ist, dass das Vesper auf einem Holzbrett und mit einem scharfen Messerchen serviert wird, und zwar eines ohne Sägeschliff, damit es den Schinken nicht zerreißt. Die Schwarzwälder genießen ihren Speck und Schinken in winzig dünne Streifelchen geschnitten – nur so entfaltet sich das volle Aroma.

Bratwürste, ebenfalls vom Rauch gewürzt und konserviert und mit Bohnen, Erbsen oder Linsen gereicht, sind wichtiger Bestandteil des Speisezettels, ebenso wie Saure Nieren, Leber, Kutteln oder Herz. Gekochtes Ochsenfleisch isst man traditionell gern am Samstag. Dass in einem solch riesigen Waldgebiet die Wildrezepte nicht fehlen dürfen, versteht sich von selbst. Rebhühner, Fasane, Schnepfen, Hasen, Rotwild und Wildschweine bevölkern den Schwarzwald und werden gerne gejagt. Auch das Fleisch der Wildschweine kommt oft zunächst in die Räucherkammer. Die Forellen aus den kalten Bächen des Schwarzwalds sind legendär, ob blau, nach Müllerin Art oder auch geräuchert.

Zu nennen sind natürlich auch die Waldbeeren, die zu Süßspeisen oder Kuchen verarbeitet werden, und die kleinen schwarzen Vogel- oder Brennkirschle, aus denen das berühmte Kirsch- oder »Chrisliwässerle« gebrannt wird. Weniger bekannt, aber ebenfalls sehr verbreitet ist der »Rossler« oder »Topi« aus der Topinambur-Knolle.

Die westlichen Randlagen des Schwarzwalds sind eine ausgesprochene Wein-Gegend. Der Gutedel ist typisch für das Markgräfler Land. Auf dem Tuniberg und dem Kaiserstuhl wachsen kräftige Spätburgunder. Der Breisgau tut sich mit weißem Burgunder hervor und in der Ortenau gedeiht Riesling besonders gut.

Die Schwarzwälder Küche kennt eine ganze Reihe von Ausdrücken, die andernorts fremd sind.

*Gasthof*
*»Zum Waldhorn«*
*in Calmbach*

Calmbach. Gasthof zum Waldhorn.

## Kleines Schwarzwälder Küchenlexikon

| | |
|---|---|
| Anken | – Butter |
| Bibbeleskäs | – gestandene Magermilch, fressen auch die Küken oder »Bibbele« gern. Fürs Vesper wird er angemacht mit Salz, Schnittlauch, Petersilie |
| Bierewecke | – Früchtebrot |
| Brägl, Pregelte | – Bratkartoffeln |
| Chilbiküchle | – Krapfen zur Kirchweih |
| Chrisliwässerle | – Kirschwasser |
| Dinnede | – eine Art Flammkuchen |
| Dudelsack | – gefüllter Schweinemagen |
| Dummis | – Mangoldstengel, in Salzwasser gekocht und in Butter geschwenkt |
| Eierdatsche | – Rührei |
| Herdäpfelstock | – Kartoffelbrei, -mus |
| Herdäpfel, gschwellte | – Pellkartoffeln |
| Holderküchle | – überbackene Holunderblüten |
| Kratzede | – zerrissene Pfannkuchen |
| Mirre | – Rahm |
| Muskete | – Pastete |
| Pfludde | – Grießschnitten |
| Rahnen | – Rote Beete |
| Rinne | – große, gusseiserne Bratpfanne |
| Sauwädeli | – gekochte Schweineschwänzchen |
| Schäufele | – Schweineschulter |
| Stribele, Sträubele | – Schmalzgebackenes |

| | |
|---|---|
| Stupfnudel | – stricknadeldünne Nudel aus Roggenmehl |
| Sulz | – Kutteln |
| Surbrotis | – Sauerfleisch |
| Weihe, Wähe | – eine Art Flammkuchen |
| Zibärtle | – Schnaps von wilder Mirabelle |
| Zibeebe | – Kochrosinen |
| Zibbeleweihe | – Zwiebelflammkuchen |

Das Leben »auf dem Wald«, wie die Schwarzwälder selber sagen, war oft ein Überlebenskampf und die Küche schlicht. Mit wenigen typischen Zutaten entwickelte man sehr schmackhafte Essen.

# Einfache Bauerngerichte

## »Schnitz« und Speck

Äpfel und Birnen in dünne Schnitze schneiden. Speck würfeln. Speckwürfel auslassen, Schnitze dazugeben und bei milder Hitze gar dünsten.

*Zutaten:*

*600 g Äpfel*

*600 g Birnen*

*300 g geräucherter Speck*

## Bohnen mit »Schnitz«

Bohnen und Birnen über Nacht in kaltem Wasser einweichen.

Zwiebel klein schneiden. Speck in Scheiben schneiden. Fett erhitzen, Zwiebel andünsten, Bohnen und Birnen dazugeben und ebenfalls andünsten, mit Wasser auffüllen. Garen, bis alles weich ist.

*Zutaten:*

*500 g gedörrte Rollbohnen (dicke Kerne)*

*250 g gedörrte Birnenschnitze*

*500 g geräucherter Schwarzwälder Speck*

*1 Zwiebel*

*Schmalz, Öl oder Butter*

## Schinken mit Wurzelgemüse

Schinken im Ofen bei mittlerer Hitze schmoren lassen (je kg rechnet man eine halbe Stunde Schmorzeit). Das Wurzelgemüse grob klein schneiden und zu dem Schinken geben. Gemüse ab und zu mit wenig Wasser und Rotwein übergießen.

Den gegarten Schinken warm stellen. Zum Bratensaft den restlichen Wein geben, eventuell etwas Stärkemehl einrühren.

*Zutaten:*

*Ein Stück geräucherten Schinken (Größe je nach Personenzahl)*

*Wurzelgemüse (Sellerieknolle, Gelbe Rüben [Karotten], Lauch, Zwiebel)*

*½ l Rotwein*

*Stärkemehl*

Dazu schmecken Kartoffel-Beilagen, zum Beispiel »Buabaspitzle«, auch Schupfnudeln genannt.

## Sauerkraut mit Schupfnudeln

*Zutaten:*

*1 kg Sauerkraut*

*2 säuerliche Äpfel*

*2 Zwiebeln*

*⅜ l Weißherbst*

*2 EL Schmalz*

*1 TL Wald- oder Tannenhonig*

*8 Wacholderbeeren*

*500 g Roggenmehl*

*2 Eier*

*Salz*

Zwiebeln klein schneiden. Apfel in dünne Scheiben schneiden. Wacholderbeeren zerdrücken.

Zwiebeln im Schmalz andünsten. Sauerkraut dazugeben, Wacholderbeeren und Honig untermischen, ¼ l Wein angießen und bei mittlerer Hitze dünsten.

Apfelscheiben oben drauflegen. Nach etwa 20 Minuten restlichen Wein dazugeben und noch einmal eine halbe Stunde dünsten.

Mehl, Eier und eine Prise Salz mit ein bisschen Wasser zu einem Teig kneten. Mit den Händen Nudeln drehen, Enden spitz zulaufen lassen. Nudeln in kochendes Salzwasser geben. Sie sind fertig, wenn sie nach oben kommen. Mit dem Schaumlöffel herausnehmen und warm stellen.

Das Kraut auf eine vorgewärmte Platte geben, Schupfnudeln darüber legen.

## Sauerkraut mit »Schnitz«

*Zutaten:*

*800 g Sauerkraut*

*100 g getrocknete Birnenschnitze*

*⅛ l Weißwein oder Sahne*

*Wacholderbeeren*

*Schmalz*

*Geräuchertes oder hausgemachte Würste*

Birnenschnitze über Nacht in kaltem Wasser einweichen. Schmalz erhitzen, Sauerkraut andünsten, Birnenschnitze dazugeben. Wein oder Sahne und Wacholderbeeren dazugeben. Köcheln, bis alles gar ist.

Dazu gibt's geräucherten Schinken oder Würste.

## »Schäufele« oder »Schüfeli«

*Zutaten:*

*1 kg gepökelte und leicht geräucherte Schweineschulter*

*2 Zwiebeln*

*1 Lorbeerblatt*

*4 Nelken*

*etliche Pfefferkörner*

*5 Wacholderbeeren*

*Thymian*

*Salz*

Zwiebeln klein schneiden. Salzwasser zum Kochen bringen, Zwiebeln und Gewürze dazugeben.

Fleisch in den Sud legen, ein paar Minuten kochen lassen. Bei schwacher Hitze zugedeckt mindestens eine Stunde ziehen lassen. Fleisch aus dem Sud nehmen, in Scheiben schneiden.

Dazu passt frisches Bauernbrot oder Kartoffelsalat.

## Kratzede oder Chrazete

Im Südschwarzwald nähert sich der Dialekt dem Schweizerdeutschen, hier heißt die Kratzede dann »Chrazete«.

Mehl mit der Milch glatt rühren, Eier und Salz dazugeben, zu einem Teig verrühren.

Bei einer echten Kratzede stellt man nicht einfach Pfannkuchen her, die dann zerrupft werden, sondern man lässt den Teig von vornherein entsprechend in die Pfanne laufen, und rüttelt und schüttelt, sodass es gar keine Pfannkuchen gibt.

Kratzede ist eine beliebte Beilage zu Spargel, aber auch zu vielem anderen.

***Zutaten:***

***500 g Weizenmehl***

***¼–½ l Milch***

***4 Eier***

***Fett***

***Salz***

## Zwetschgenknöpfle

***Zutaten:***

***500 g Bühler Zwetschgen***

***250 g Weißbrot***

***3 Eier***

***3 EL Mehl***

***Schmalz***

***Zucker***

***Salz***

Das Brot in Würfel schneiden, mit ¼ Liter Wasser übergießen, ziehen lassen. Die Zwetschgen entsteinen und halbieren. Das Brot ausdrücken, Mehl, Eier, Zwetschgen und eine Prise Salz dazugeben und vermengen.

Mit dem Löffel Teigportionen in heißes Schmalz setzen. Die Knöpfle knusprig ausbacken. Zum Schluss mit Zucker bestreuen.

## Scherben

*Zutaten:*
*400 g Mehl*
*100 g Butter*
*2 Eier*
*1 Eigelb*
*⅛ Kirschwasser*
*Zucker*
*Zimt*
*Fett*

Butter zerlassen. Eier verrühren, mit der Butter vermischen, Kirschwasser dazugeben und verrühren. Mehl hinzufügen und zu einem Teig kneten. Eine Stunde kalt stellen.

Teig zu Rollen formen und zwei bis drei Zentimeter große Stücke abschneiden. Die Teigstückchen dünn auswellen und in heißem Fett ausbacken. Abtropfen lassen, mit Zucker und Zimt bestreuen.

## Sträubele oder Straubatza

Mehl, Eier und Milch und wenig Wasser zu einem dickeren Pfannkuchenteig verrühren. Den Teig in einen Milchtopf (mit Ausgießer) geben. Fett erhitzen. Teig als Schnecken oder Spiralen in die Pfanne laufen lassen. Sträubele beidseitig ausbacken. Abtropfen lassen, mit Zucker und Zimt bestreuen.

Dazu kann man Malzkaffee trinken.

*Zutaten:*
*200 g Mehl*
*3 Eier*
*¼ l Milch*
*Fett*
*Zucker*
*Zimt*

*Um 1930 bei Oberprechtal – der Wirt des Löwen auf Forellenfang*

# Forellen

Zum Schwarzwald und seinen frischen, klaren Wildbächen gehören die Forellen. Frische Forellen sind nicht ganz billig. Wer meint, er könne einfach mal kurz die Angel an einem Schwarzwald-Bach auswerfen, hat sich getäuscht. Das wäre glatte Wilderei. Wer hier angeln will, braucht eine Berechtigung vom jeweiligen Pächter oder Besitzer des Fischwassers.

Forelle blau, Forelle Müllerin und Forelle gebacken sind die bekanntesten Arten, diesen fangfrischen Fisch zuzubereiten.

# Forelle blau

***Zutaten:***
***4 frische Regenbogen-Forellen***
***⅛ l Weinessig***
***100 g Butter***
***1 Zitrone***
***Salz***
***Pfefferkörner***
***Fischgewürz***
***4 Wacholderbeeren***
***Lorbeerblatt***
***frische Petersilie***

Die Forellen reinigen – darauf achten, dass die äußere Schleimschicht nicht verletzt wird. Vier dünne Scheiben aus der Zitrone schneiden, Rest auspressen.

Einen Sud aus Wasser, Essig, Zitronensaft und Gewürzen zum Köcheln bringen. Die Forellen hineingeben und etwa acht Minuten bei schwacher Hitze sieden lassen, bis die Augen heraustreten. Aus dem Sud nehmen, auf eine vorgewärmte Platte legen, mit Petersilie und Zitronenscheiben garnieren.

Dazu passen Petersilienkartoffeln und heiße Butter.

## Mark Twain und Forelle blau

»Ein großes Hotel steht jetzt ein bißchen sehr dicht neben den Ruinen und betreibt ein blühendes Geschäft mit Sommergästen. Wir stiegen in die Schlucht hinunter und aßen ein Abendbrot, das sehr befriedigend gewesen wäre, wenn man die Forelle nicht gekocht hätte. Wenn man die Deutschen ihren eigenen Neigungen überläßt, werden sie eine Forelle oder sonst etwas mit ziemlicher Gewissheit kochen. Das ist ein recht wertvoller Beweis zur Untermauerung der Theorie, wonach sie die ersten Ansiedler auf den rauhen Inseln vor der schottischen Küste gewesen sind. Vor einigen Jahren strandete an einer dieser Inseln ein mit Apfelsinen beladener Schoner, und die zahmen Wilden leisteten dem Kapitän so bereitwillig Hilfe, dass er ihnen so viele Apfelsinen schenkte, wie sie wollten. Am nächsten Tag fragte er sie, wie sie ihnen geschmeckt hätten. Sie schüttelten die Köpfe und sagten: ›Gebacken waren sie zäh; und sogar gekocht waren sie nicht so, dass ein Hungriger scharf darauf gewesen wäre.‹«

## Forelle gebacken

Die Forellen reinigen – darauf achten, dass die äußere Schleimschicht nicht verletzt wird. Vier dünne Scheiben aus der Zitrone schneiden.

Forellen mit Zitronensaft beträufeln und mit Salz und Pfeffer würzen. In Mehl wenden, danach in Ei und Semmelbröseln. Fett erhitzen. Panierte Forellen goldbraun backen. Auf eine vorgewärmte Platte legen und mit Zitronenscheiben und Petersilie garnieren.

*Zutaten:*
*4 frische Regenbogen-Forellen*
*Mehl*
*Semmelbrösel*
*2 Eier*
*4 EL Öl oder Butter*
*1 Zitrone*
*Salz*
*Pfeffer*
*frische Petersilie*

## Forelle Müllerin

Die Forellen reinigen – darauf achten, dass die äußere Schleimschicht nicht verletzt wird. Vier dünne Scheiben aus der Zitrone schneiden, Rest auspressen.

Die Forellen mit Zitronensaft beträufeln und mit Salz und Pfeffer würzen. In Mehl wenden. Butter erhitzen, Forellen beidseitig goldbraun braten. Auf eine vorgewärmte Platte geben, mit Petersilie und Zitronenscheiben garnieren.

*Zutaten:*
*4 frische Regenbogen-Forellen*
*Mehl*
*1 Zitrone*
*3 EL Butter*
*Salz*
*Pfeffer*
*frische Petersilie*

Dazu passen in Butter geschwenkte Petersilienkartoffeln.

## Mark Twain, Forellen und Männer mit Mist

»Eines Tages aßen wir in einem sehr hübschen Dorf (Ottenhöfen) im Gasthof »Zum Pflug« gebackene Forelle zu Mittag und gingen dann in die Gaststube, um uns auszuruhen und zu rauchen. Dort fanden wir neun oder zehn Schwarzwaldhonoratioren um einen Tisch versammelt vor. Es war der Gemeinderat. Sie hatten sich an diesem Morgen um acht Uhr versammelt, um ein neues Mitglied zu wählen, und nun tranken sie schon seit vier Stunden auf Kosten des Mitglieds Bier. Es waren Männer im Alter von fünfzig, sechzig Jahren mit ernsten, gutmütigen Gesichtern, alle in der Tracht gekleidet, die uns durch die Schwarzwaldgeschichten vertraut geworden ist: breiter, schwarzer Filzhut mit rundem Kopf und ringsum hochgeschlagenem Rand; lange rote Weste mit großen Metallknöpfen, schwarzer Alpakarock mit Gürtelknöpfen zwischen den Schultern. Es wurden keine Reden gehalten, es wurde nur wenig gesprochen, es wurde nicht leichtfertig geschwatzt; der Gemeinderat ließ sich langsam, aber sicher mit Bier volllaufen und benahm sich mit gesetzter Würde, wie es sich für Männer von Stand, Männer mit Einfluss, Männer mit Mist gehörte.«

*Schwarzwälder Biertrinker*

# Festtagsgerichte

Wild gehört zum Teuersten, was man auf den Tisch bringen kann. Selbst im wildreichen Schwarzwald sind Gerichte mit Wild Festtagsgerichte:

## Rehrücken in Rotwein

Wacholderbeeren zerdrücken, Suppengrün klein schneiden. Zwiebel in Scheiben schneiden. Backofen bei mittlerer Hitze vorheizen.

Rehrücken mit Salz, Pfeffer und Rosmarin einreiben. Speckscheiben darüber legen. Im Backofen bei mittlerer Hitze anbraten.

Fleischbrühe an den Rehrücken gießen, Suppengrün, Zwiebeln und Gewürze hinzufügen. Rehrücken garen – insgesamt etwa 40 Minuten (soll innen leicht rosa sein). Auf vorgewärmte Platte geben. Bratensaft und Rotwein kurz aufkochen, durch ein Sieb streichen. Soße abschmecken, mit Stärkemehl leicht binden, Sahne und Johannisbeergelee unterziehen.

Soße extra servieren. Dazu passen handgemachte Spätzle.

*Zutaten:*
*1 Rehrücken*
*150 g Speckscheiben*
*¼ l Rotwein*
*¼ l Fleischbrühe*
*Zwiebel*
*2 EL saure Sahne*
*Stärkemehl*
*3 EL Butter*
*2 EL Johannisbeergelee*
*Salz*
*Pfeffer*
*6 Wacholderbeeren*
*2 Nelken*
*1 Lorbeerblatt*
*Rosmarin*
*Suppengrün*

## Wildschwein-Braten Schwarzwälder Art

Wacholderbeeren in Wasser einweichen. Backofen vorheizen. Fleisch mit Salz, Pfeffer und Salbei einreiben. Speckscheiben um das Fleisch legen und feststecken. In die Bratpfanne legen, heißes Fett darübergießen, Wacholderbeeren dazugeben. Knapp eine Stunde im Backofen braten. Fleisch herausnehmen und warm stellen.

Wenig Mehl mit Wein verrühren, zum Bratensaft geben und aufkochen. Fleischbrühe mit Konfitüre vermischen und mit der Soße verrühren. Soße abschmecken und extra servieren.

Speckscheiben entfernen und Fleisch in Scheiben schneiden.

Dazu passen handgemachte, in Butter geschwenkte Spätzle oder Kartoffelbrei.

***Zutaten:***

***1 kg Wildschweinfleisch, Keule oder Rücken***

***150 g dünne Speckscheiben***

***¼ l trockener Weißwein***

***¼ l Fleischbrühe***

***2 EL Fett***

***Mehl***

***Salz***

***Pfeffer***

***Salbei***

***8 Wacholderbeeren***

***6 EL Preiselbeerkonfitüre***

### Hemingway und das »Rössle«

Ernest Hemingway war als 23-jähriger Reporter mit seiner Frau, seinem Freund Bill und dessen Frau im Schwarzwald unterwegs. Hemingway hatte auf dieser Tour anscheinend viel Anlass zu Ärger. In einem Gasthaus »Zur Sonne« waren die Wanderer vom Wirt, dem dabei die Zwiebelsuppe über den Bart lief, rüde abgewiesen worden. Ausländer seien nicht erwünscht. Nach weiteren sechs Kilometern kehrten die Amerikaner im »Rössle« in Oberprechtal ein.

Hemingways Reisebericht erschien 1922 im Toronto Daily Star: »Das ›Rössle‹ ist das Lieblingssymbol der Schwarzwaldwirte. Aber es gibt auch eine Menge ›Adler‹ und ›Sonnen‹. Alle diese Gasthäuser sind weiß getüncht und sehen von außen ordentlich und sauber aus, aber innen sind sie schmutzig, eins wie das andere. Die Bettlaken sind kurz, die Federbetten klumpig, die Matratzen hellrot, das Bier gut, der Wein schlecht. Beim Mittagessen müssen Sie vorsichtig sein und aufpassen, dass das Stück Brot, das Sie erwischen, nicht sauer ist. [...] Die Hühner scharren im Vorgarten, und der Misthaufen dampft unter den Schlafzimmerfenstern.

Das ›Rössle‹, in dem wir einkehrten, verfügte über alle diese Kennzeichen und über einige mehr: Es gab hier eine ordentliche Mahlzeit aus gebratenem Fleisch, Kartoffeln, grünem Salat und Apfelkuchen, vom Wirt selber aufgetragen, der unerschütterlich wie ein Ochse aussah und mitunter mit dem Suppenteller in der Hand stehen blieb und wie abwesend aus dem Fenster starrte. Seine Frau hatte ein Kamelsgesicht, genau die unverwechselbare Kopfbewegung und den Ausdruck äußerster Stupidität, die man nur bei Trampeltieren und süddeutschen Bauersfrauen beobachten kann.«

## Fasan Markgräfler Art

Wacholderbeeren zerdrücken. Fasan außen und innen mit Salz, Pfeffer und Wacholderbeeren einreiben. Speck auf die Brust binden. Im Backofen mindestens eine halbe Stunde bei kräftiger Hitze braten. Öfters mit Bratfett begießen und mit Butter bepinseln.

Zwiebel und Knoblauch klein schneiden. Innereien klein schneiden und in Butter anbraten. Zwiebel, Knoblauch, Thymian und Rosmarin hinzufügen, mit Mehl bestäuben, leicht anbräunen, ablöschen mit Fleischbrühe. Alles zu dem Braten geben, mindestens weitere 20 Minuten braten. Wein dazugießen.

***Zutaten:***

***1 Fasan***

***1 Scheibe Speck***

***¼ l badischer Riesling***

***⅛ l Fleischbrühe***

***1 Zwiebel***

***1 Knoblauchzehe***

***1 EL Mehl***

***1 EL Butter***

***Salz***

***Pfeffer***

***6 Wacholderbeeren***

***Thymian***

***Rosmarin***

Fasan herausnehmen und warm stellen. Soße durch ein Sieb streichen und kurz aufkochen, abschmecken.

Soße extra servieren. Dazu passen Weinsauerkraut und Kartoffelbrei.

## Schwarzwälder Rebhuhn

*Zutaten:*

*2 Rebhühner*

*4 Scheiben Schwarzwälder Schinken*

*¼ l Fleischbrühe*

*⅛ l Weißwein*

*2 EL Schmalz*

*2 EL Butter*

*1 Zwiebel*

*Salz*

*Pfeffer*

*frischer Thymian*

*Wacholderbeeren*

Die Zwiebel klein schneiden. Wacholderbeeren zerdrücken. Schmalz erhitzen, Zwiebeln andünsten, Sauerkraut und Wacholderbeeren hinzufügen, Wein dazugeben und garen lassen.

Backofen auf 260 °C vorheizen. Rebhühner außen und innen würzen, Thymianzweig in das Innere legen, in Butter anbraten. Im Backofen garen, ab und zu mit Fleischbrühe übergießen. Rebhühner brauchen je nach Größe 30 bis 80 Minuten, wobei man sie danach noch etwa 10 Minuten bei abgeschalteter Hitze im Ofen lassen sollte. Schinkenscheiben braten, bis sie knusprig sind. Rebhühner auf vorgewärmte Platte legen, mit Schinkenscheiben garnieren.

Dazu passen Sauerkraut und Kartoffelbrei.

# Schwarzwälder Kirschtorte

Zur Frage, wer die Schwarzwälder Kirschtorte erfunden hat, gibt es die unglaubliche Mär, es sei ein persischer Eunuch gewesen. Als Chefkoch eines Harems habe er die Aufgabe gehabt, den betreuten Damen zu möglichst üppigen Formen zu verhelfen. So habe er die kalorienreiche Torte ersonnen, die einfach unwiderstehlich war.

*Zutaten für den Mürbteig:*

*125 g Mehl*

*100 g weiche Butter*

*50 g Zucker*

*1 Messerspitze Backpulver*

*1 Päckchen Vanillezucker*

*Salz*

Für den Mürbteig den Backofen auf 180 °C vorheizen.

Mehl und Backpulver in eine Schüssel sieben, Butter, Zucker, Vanillezucker und Salz dazugeben, zu einem glatten Teig kneten. Springform (28 cm) buttern. Mürbteig ausrollen und in die Form geben. Etwa 15 Minuten backen, auskühlen lassen, auf eine Tortenplatte legen.

*Zutaten für den Biskuit:*

*75 g Mehl*

*30 g Stärkemehl*

*30 g Kakao*

*4 Eier*

*100 g Zucker*

*1 Päckchen Vanillezucker*

*1 Messerspitze Zimt*

*½ TL Backpulver*

*Zutaten für die Füllung:*

*750 g Sauerkirschen*

*100 g Zucker*

*30 g Stärkemehl*

*½ l Sahne*

*50 g Puderzucker*

*1 Päckchen Vanillezucker*

*3 Päckchen Sahnesteif*

*50 g Himbeer- oder Johannisbeermarmelade*

*50 g Raspelschokolade*

*4 EL Kirschwasser*

Für den Biskuit den Backofen auf 160 bis 180 °C vorheizen.

Eier verrühren, zwei Esslöffel heißes Wasser dazugeben, schaumig schlagen. Zucker und Vanillezucker dazugeben, weitere zwei Minuten schlagen. Mehl, Stärkemehl, Kakao, Zimt und Backpulver vermischen. Zunächst die Hälfte der Mehlmischung auf die Eiercreme sieben und verrühren, danach auch den Rest. Springform (28 cm) fetten und mit Backpapier auslegen. Teig hineingeben. 25 bis 30 Minuten backen, auskühlen lassen.

Zubereitung der Füllung: Kirschen entsteinen. Mit drei Vierteln des Zuckers mischen und eine halbe Stunde ziehen lassen. Kurz aufkochen, abtropfen und kalt werden lassen. Ein Achtelliter Saft wegnehmen – wenn es nicht reicht, mit Wasser auffüllen.

4 Esslöffel Saft mit Stärkemehl anrühren, restlichen Saft kurz aufkochen. Saft mit der Stärke dazugeben, einrühren, ebenfalls kurz aufkochen, Kirschen dazugeben, kalt werden lassen. Restlichen Zucker und Kirschwasser dazugeben.

Etwa 20 schöne Kirschen auslesen und auf die Seite stellen.

Puder-, Vanillezucker und Sahnesteif in die Sahne geben und steif schlagen. Mürbteigboden mit Marmelade bestreichen. Die Hälfte der Kirschmasse daraufgeben, ein Drittel der Sahne darüberstreichen.

Biskuit in der Mitte durchschneiden. Einen der Böden auf die Sahneschicht legen, leicht andrücken. Die zweite Hälfte der Kirschmasse auf dem Biskuit verteilen, ein weiteres Drittel der Sahne darüberstreichen.

Zweiten Biskuit darüber legen. Sahne auf den Deckel und den Rand der Torte streichen. Die Oberfläche des Deckels mit Schokolade-Raspeln bestreuen. Auf den Rand Sahnehäufchen spritzen und mit den einzelnen Kirschen verzieren.

# Literaturhinweise


Michael Bauer:
Malerische Schwarzwaldhöfe.
Geschichten um alte Bauernhäuser.
*Stadler Verlag, Konstanz 1996*

Karlheinz Ebert:
Der Schwarzwald und das Oberrheinland:
Wege zur Kunst zwischen Karlsruhe und Waldshut, Ortenau, Breisgau, Kaiserstuhl und Markgräflerland.
*DuMont Verlag, Köln 1990*

Herbert Jüttemann:
Schwarzwaldmühlen.
G. *Braun Verlag, Karlsruhe 1985*

Ekkehard Liehl und
Wolf Dieter Sick (Hrsg.):
Der Schwarzwald. Beiträge zur Landeskunde.
*Konkordia GmbH, Bühl 1981*

Sönke Lorenz (Hrsg.):
Der Nordschwarzwald.
Von der Wildnis zur Wachstumsregion.
*Markstein Verlag für Kultur und Wirtschaftsgeschichte, Filderstadt 2001*

Werner Mezger:
Das große Buch der Schwäbisch-Alemannischen Fasnet.
Ursprünge, Entwicklungen und Erscheinungsformen organisierter Narretei in Südwestdeutschland.
*Konrad Theiss Verlag, Stuttgart 1999*

Bernhard Oeschger, Edmund Weeger:
Schwarzwaldleben anno dazumal.
Ein historischer Bilderbogen aus dem 19. und frühen 20. Jahrhundert.
*DRW-Verlag, Stuttgart 1989*

Dorothee Philipp:
Südschwarzwald: liebenswerte Landschaft.
*Kehrer Verlag, Freiburg 1991*

Hans Hinrich Sambraus:
Gefährdete Nutztierrassen. Ihre Zuchtgeschichte, Nutzung und Bewahrung.
*Eugen Ulmer Verlag, Stuttgart 1994*

Meinrad Schaab:
Beiträge zur Siedlungs- und Wirtschaftsgeschichte des Schwarzwaldes. *Kohlhammer Verlag, Stuttgart 2003*

Mark Twain (hrsg. von Werner Pieper):
Ein Amerikaner in Heidelberg. Sein Bummel durch Deutschland 1878.
*Werner Pieper Verlag, Löhrbach 1997*

# Informationen

Sehenswürdigkeiten gibt es im Schwarzwald unzählige – Auskünfte sind in einer Vielzahl von Reiseführern zu finden oder auch bei den jeweiligen Tourismus-Büros abzufragen.

**Kostenlose Prospekte gibt es beim:**

- Info- und Prospektservice Schwarzwald
  Yorckstraße 22, 79110 Freiburg
  Telefon (07 61) 89 79 79 79
  E-Mail: service@tourismus-service.com oder
  prospektservice@schwarzwald-tourist-info.de
  Internet: www.schwarzwald-tourist-info.de

**Gebietsinformationen und Zimmervermittlung bei:**

- Touristik Nördlicher Schwarzwald
  Am Waisenhausplatz 26
  75172 Pforzheim
  Telefon (0 72 31) 1 47 38-0
  E-Mail: touristik@noerdlicher-schwarzwald.de
  Internet: www.noerdlicher-schwarzwald.de

- Schwarzwald Tourismus GmbH
  Mittlerer Schwarzwald
  Gerberstraße 8
  77652 Offenburg
  Telefon (07 81) 9 23 77 77
  E-Mail: info@schwarzwald-tourismus.com

  und

Schwenninger Straße 3
78048 Villingen-Schwenningen
Telefon (0 77 21) 84 64 10
E-Mail: mail@schwarzwald-tourismus.com
Internet: www.schwarzwald-tourismus.com

✦ Tourismus Südlicher Schwarzwald
Stadtstraße 2
79104 Freiburg
Telefon (07 61) 8 96 46-0
E-Mail: tss@breisgau-hochschwarzwald.de
Internet: www.schwarzwald-sued.de

## Ganz besonders zu empfehlen:

✦ Heimat- und Flößermuseum der Stadt Wildbad
Stadtteil Calmbach
Bergstraße 1
75323 Bad Wildbad
Telefon (0 70 81) 9 30-1 11
E-Mail: a.manasiev@bad-wildbad.de
Internet: www.bad-wildbad.de/index.cfm/fuseaction/badwildbad/einrichtung/51.htm
Öffnungszeiten:
Sonntag von 14 bis 17 Uhr.
Gruppen und Vereine auch werktags nach Vereinbarung.

✦ Schwarzwälder Freilichtmuseum Vogtsbauernhof / Gutach
77793 Gutach (Schwarzwaldbahn)
Telefon (0 78 31) 93 56-0
Internet: www.vogtsbauernhof.org
Öffnungszeiten:
Ende März bis Anfang November.

*Sieben typische Schwarzwaldhöfe und -häuser sowie zahlreiche Nebengebäude wie Back- und Brennhäusle vermitteln anschaulich, wie man im Schwarzwald gelebt und gearbeitet hat.*

✦ Schwarzwald-Museum Triberg
Wallfahrtstraße 4
78098 Triberg
Telefon (0 77 22) 44 34
E-Mail: info@schwarzwaldmuseum.de
Internet: www.schwarzwaldmuseum.de
Öffnungszeiten:
Täglich von 10 bis 17 Uhr.

*Im Schwarzwaldmuseum findet man alles Typische, was man mit dem Schwarzwald verbindet – die berühmten Kuckucksuhren, alte Schlitten und neue Bobs und ein Modell der legendären Schwarzwaldbahn.*

✦ Elztalmuseum Waldkirch
Kirchplatz 14
79183 Waldkirch
Telefon (0 76 81) 47 85 30
E-Mail: info@elztalmuseum.de
Internet: www.elztalmuseum.de
Öffnungszeiten:
Ostersonntag bis Oktober:
Dienstag bis Samstag von 15 bis 17 Uhr, sonntags von 11 bis 17 Uhr;
November bis Ostersamstag: Mittwoch, Freitag und Samstag von 15 bis 17 Uhr, sonntags von 11 bis 17 Uhr.

*Kuriose Orchestrien für Kaffeehäuser, Eisenbahn-Waggons und Kreuzfahrtschiffe, mächtige Jahrmarktorgeln und nostalgische Leierkästen schmettern und erklingen in dem schönen Bau.*

✦ Ehemalige Synagoge Sulzburg
Gustav-Weil-Straße 18
79295 Sulzburg
Telefon (0 76 34) 56 00 35
Internet: www.sulzburg.de
Öffnungszeiten:
Erster und letzter Sonntag im Monat von 16 bis 18 Uhr,
während der Ausstellungen täglich.

✦ Schloß Neuenbürg / Museum
75305 Neuenbürg,
Telefon (0 70 82) 79 28 60
E-Mail: info@schloss-neuenbuerg.de
Internet: www.schloss-neuenbuerg.de
Öffnungszeiten: Täglich außer Montag
1. November bis 30. April von 13 bis 18 Uhr,
1. Mai bis 31. Oktober von 10 bis 18 Uhr,
geschlossen: 7. Januar bis zum Beginn der Fasnachtsferien

*Das Museum zeigt eindrucksvolle Szenographien des Märchens »Das kalte Herz« von Wilhelm Hauff.*

✦ Schwarzwälder Ski-Museum
Im Hugenhof
79856 Hinterzarten
Telefon (0 76 52) 98 21 92
E-Mail: info@schwarzwaelder-skimuseum.de
Internet: www.schwarzwaelder-skimuseum.de
Öffnungszeiten: Dienstag, Mittwoch und Freitag von 15 bis 18 Uhr,
Samstag, Sonntag und Feiertags von 12 bis 18 Uhr

*Für Ski- und Sportfans!*

✦ Uhrenmuseum St. Märgen
Rathaus
79274 St. Märgen
Telefon ( 0 76 69) 91 18 17
E-Mail: tourist-info@st-maergen.de
Internet: www.st-maergen.de
Öffnungszeiten: Mai bis Oktober
Montag, Mittwoch, Freitag ab 10 Uhr, Sonntag ab 11 Uhr
November bis April: Sonntag ab 11 Uhr

# Bildnachweis

Karl Blumenthal /
Archiv von Schönebeck:
*Vorderer Vorsatz, Seite 27, 28, 56 bis 71, 129, hinterer Vorsatz*

Foto-Günter:
*Seite 1, 2, 6, 9, 10, 18, 20, 22, 23, 39, 44, 46, 47, 51, 75, 77 oben, 79, 82, 84, 86 bis 89, 105 bis 113, 116, 117 unten bis 122, 135, 137*

Schwarzwaldmuseum Triberg:
*Seite 40 bis 42, 45, 49, 53, 74, 77 unten, 78, 104, 115, 123*

Zuchtverband für Fleckvieh und Wälder-vieh Titisee-Neustadt:
*Seite 8, 40, 92 bis 100*

Archiv Fritz Barth:
*Seite 31, 127*

Sammlung J. Hahn:
*Seite 36, 37, 38*

Kurverwaltung Wildbad:
*Seite 26*

Elztalmuseum Waldkirch:
*Seite 80*

Georg Thoma:
*Seite 117 oben*

Gasthaus Löwen, St. Märgen:
*Seite 124, 125*

Stadt St. Blasien:
*Seite 34*

Stadt Bad Säckingen:
*Seite 17*

Museum Neuenbürg:
*Seite 16*

Alwin Tölle:
*Seite 43*

Badenweiler Thermen und Touristik GmbH:
*Seite 15*

Archiv Gudrun Mangold:
*Seite 25*